智慧职场

职业生涯规划工具与方法

王胜会　廖满嫒　乐海红　主编

化学工业出版社

·北京·

内容简介

本书从个人职业生涯规划与组织职业生涯管理两个维度的对比展开，构建了职业生涯规划的系统，提供了职业生涯规划系统化的框架图谱，以及一张"画布"。读者可以快速厘清本书的体系和规划职业生涯的路径。同时，本书设计了一些特色实用的模块，包括标准和范例，以及方法、工具和调研问卷、测评量表、模型设计等，供读者选用。

本书既适合企业新员工，以及在职场工作三五年以上的"老司机"、遇到瓶颈和晋升"天花板"的职场精英阅读、使用，也能够为企业人力资源及管理部门提供参考和借鉴。

图书在版编目（CIP）数据

智慧职场：职业生涯规划工具与方法/王胜会，廖满媛，乐海红主编．—北京：化学工业出版社，2021.8
ISBN 978-7-122-39458-3

Ⅰ.①智⋯ Ⅱ.①王⋯②廖⋯③乐⋯ Ⅲ.①职业选择-管理系统（软件） Ⅳ.①C913.2-39

中国版本图书馆CIP数据核字（2021）第130728号

责任编辑：毕小山　　　　　　　　　　　文字编辑：蒋丽婷　陈小滔
责任校对：杜杏然　　　　　　　　　　　装帧设计：刘丽华

出版发行：化学工业出版社（北京市东城区青年湖南街13号　邮政编码100011）
印　　装：大厂聚鑫印刷有限责任公司
710mm×1000mm　1/16　印张11¾　字数226千字　2021年10月北京第1版第1次印刷

购书咨询：010-64518888　　　　　　　　售后服务：010-64518899
网　　址：http://www.cip.com.cn
凡购买本书，如有缺损质量问题，本社销售中心负责调换。

定　　价：78.00元　　　　　　　　　　　　　　　　版权所有　违者必究

编写人员名单

主　编：

王胜会　　工具书作家，北京弈博明道教育科技有限公司创始人/CEO
廖满媛　　北京工业大学副研究员，"指南针"生涯规划工作室主持人
乐海红　　重庆市渝北区华典职业技能培训学校创始人/校长，职业规划师，职业指导师

副主编：

高卫红　　千代田教育集团中国区留学/就业指导中心主任，高级人力资源管理师
张　雨　　国企副总经理，高级人力资源管理师，会计师
刘丽霞　　大麦医疗集团人力资源总监，职业生涯规划顾问，高级人力资源管理师

其他编写人员：

徐　渤　　点米科技旗下三茅人力资源网首席人力资源专家顾问，职业生涯指导教练
阿　东　　《人力资源管理实操手册》作者，曾经的军人与记者，现为企业集团行政人力总监
李　维　　北京财贸职业学院创业孵化中心主任，高级职业指导师、职业生涯教练
朱培雄　　北京中研国慧信息技术研究院执行院长，YCP青少年生涯规划网创办人
杨化狄　　曾任北京麦田房产公司研究员，现任西尔拓新环保科技公司课程研发师
蒲群莹　　北京弈博明道教育科技有限公司城市合伙人，中国科学研究院情报学硕士

前言

科学技术的发展日新月异,企业面临数字化转型,中小企业亟须"云"上拓新局。组织生产过程日益复杂、产品种类增多、服务方案要求创新,行业种类与职业也更趋于复杂化和专业化,这对企业的人力资源管理提出了新的、更高的要求。企业如何通过吸引、激励和保留优秀的人才立足于竞争激烈的市场?最优的高效途径就是利用工具与方法做好员工的职业生涯规划。

员工个人职业生涯规划成功的案例,比如,美国著名企业家比尔·拉福求学、就业、择业、创业的故事。比尔从小立志要成为一名商人,他选择在麻省理工学院学习机械制造专业并涉猎化工、建筑、电子等方面的知识,考入芝加哥学院攻读经济学硕士学位,进入一家法学院旁听法律课程,之后又进入政府部门工作五年,再后来应聘到一家公司,开始熟悉商情和商务技巧。两年后,当公司决定让他当高管时,他却辞职创建了拉福商贸公司,此时他已经35岁了。在此后的25年里,公司资产从最初的25万美元发展到了200亿美元,比尔成了美国商业圈的一个神话人物。对于比尔的成功,诺贝尔经济学奖得主托马斯·萨金特就曾在一本书里这样评论:"急于求成在很多时候往往是欲速则不达,而适当推远理想反而是一种备战人生的最佳方式。比尔所拥有和依赖的,就是这种独特的智慧!"

当然,优秀人才的养成更重要的是作为社会组织的企业要把员工职业生涯规划提升到战略的高度,为员工提供更好的发展平台。企业员工职业生涯战略管理方面的案例,比如,台湾环隆企业集团为员工提供内部创业的机会,想走的人才也不走了,坚定了员工与公司继续合作奋斗的决心与信心;海尔在企业内部鼓励自主创业,通过人人创客模式创新搭建利益共享的生态圈,实现员工的人生梦想等。

在杰弗里·H.格林豪斯的职业生涯管理模型中,职业生涯战略是指一系列设计的以帮助员工达到职业生涯目标的活动。格林豪斯等人将职业生涯战略归纳为七类:①现有工作的竞争力;②扩大工作参与(长时间努力的工作）；③ 技能开发（通过培训和工作经验）；④ 机遇开发（通过自我推荐、可见的任务和网络）；⑤ 建立支持性关系（顾问、赞助者、同龄人）；⑥ 自己形象的树立（以传递一个成功者的形象）；⑦ 参与组织政治。

那么，在现代职场中，到底如何通过框架图谱和一张画布来盘点企业员工职业生涯规划现状？如何设计职业生涯规划管理系统？如何进行职业生涯的测量评估与决策？如何通过规划职业生涯促成就业择业创业？如何运用相关工具规划员工的职业生涯？如何对标岗位标准提升职场晋级能力？如何设计岗位胜任素质和员工职务要求？如何设计企业员工的职业发展路径？本书将系统指导、逐一呈现。

我们可以对标某些企业管理人员、技术人员、生产人员、营销人员、财务人员的素质测量指标与方法；对标某些企业销售经理、市场经理、质量经理、客服经理、生产经理、车间主任的岗位胜任资格标准、工作任务标准或成果业绩标准；对标某些企业营销岗位、技术岗位、研发岗位、生产岗位、财务岗位、行政管理岗位、文案写作岗位、人力资源管理岗位的胜任素质模型；还可以对标某些企业营销人员、技术人员、研发人员、生产人员、财务人员、行政管理人员、文案写作人员、人力资源管理人员的职务特征、要求和职业发展路径……

① 本书从企业员工职业生涯规划现状的盘点入手，经过系统思考全面构建了企业员工职业生涯规划的管理系统。本书共分为四个部分八个章节：

第一部分为第1章，盘点了企业员工职业生涯规划的状况；

第二部分为第2章，设计了企业员工职业生涯规划的管理系统；

第三部分为第3章和第4章，对职业生涯决策进行了测量与评估，阐明了职业生涯规划与员工就业、择业、创业的关系；

第四部分为第5章至第8章，提供了拿来即用或稍改即用的图、表、范例，关键词包括工具、方法和岗位标准、晋级能力、胜任素质、职务要求、发展路径等。

②本书绘制了企业员工职业生涯规划的框架图谱，读者可以通过一张画布快速厘清本书的体系和规划企业员工职业生涯的路径。

③本书设计了企业员工职业生涯规划管理过程中需要用到的一些特色实用模块，包括测量指标、方法、工具、模型、模式和范例、示例、手册和表单等，供读者选用。

本书撰写人员及分工如下：

由王胜会撰写第1章；由廖满媛撰写第2章、第7章；由乐海红撰写第3章；由高卫红撰写第4章；由刘丽霞撰写第5章；由张雨撰写第6章、第8章；由北京科技大学视觉传达专业郭竞帆同学设计并绘制本书插画。全书由王胜会统稿定稿。

同时，借此新书出版之际，感谢北京弈博明道教育科技有限公司工具书作家导师团和北京科技大学柠檬皮糖工作室创始人宋凝同学的大力支持，感谢三茅人力资源网、环球网校等合作伙伴的帮助，感谢方奕老师、王春燕老师和其他编委针对本书部分内容提出了中肯的意见和建议。

受笔者水平和成书时间所限，本书难免有疏漏和不当之处，敬请指正，欢迎交流。

编者

2021年3月

目 录

第1章 职业生涯规划现状盘点 ... 1

1.1 个人职业生涯规划 ... 2
- 1.1.1 个人职业生涯规划的五大误区 ... 2
- 1.1.2 个人职业生涯认知的四个重点 ... 4
- 1.1.3 个人与企业职业生涯沟通的技巧 ... 6
- 1.1.4 离职、跳槽的时机选择 ... 7
- 1.1.5 职业生涯规划五项准备 ... 9

1.2 组织职业生涯管理 ... 11
- 1.2.1 组织职业生涯管理的四个目标 ... 11
- 1.2.2 组织职业生涯管理的五个前提 ... 12
- 1.2.3 组织职业生涯管理的六项任务 ... 13
- 1.2.4 组织职业生涯管理的七种角色 ... 14
- 1.2.5 为员工提供职业咨询 ... 14
- 1.2.6 为员工提供在职辅导 ... 17

1.3 职业生涯规划系统构建 ... 18
- 1.3.1 框架图谱：呈现职业生涯规划系统 ... 18
- 1.3.2 一张"画布"：设计职业生涯规划系统 ... 19

第2章 设计职业生涯规划管理系统 ... 21

2.1 按三个层次规划职业生涯 ... 22
- 2.1.1 组织职业生涯规划管理 ... 22

2.1.2　部门职业生涯规划管理 ································· 24
　　　2.1.3　个人职业生涯规划管理 ································· 25
2.2　按五个方向规划职业生涯 ·· 26
　　　2.2.1　岗位技术方向 ··· 26
　　　2.2.2　晋级管理方向 ··· 28
　　　2.2.3　职务创造方向 ··· 28
　　　2.2.4　职业安全方向 ··· 29
　　　2.2.5　自由职业方向 ··· 30
2.3　如何对接企业人力资源管理模块 ································ 31
　　　2.3.1　职业生涯规划与人才素质测评 ························· 32
　　　2.3.2　职业生涯规划与绩效考评 ······························· 34
　　　2.3.3　职业生涯规划与内部竞聘 ······························· 36
　　　2.3.4　职业生涯规划与岗位轮换 ······························· 38
　　　2.3.5　职业生涯规划与继任计划 ······························· 40
　　　2.3.6　职业生涯规划与潜能开发 ······························· 41

第3章　职业生涯的测量评估与决策 ······························· 43

3.1　人才素质测量指标与方法体系 ···································· 44
　　　3.1.1　对标范例：管理人员素质测量指标与方法 ········· 44
　　　3.1.2　对标范例：技术人员素质测量指标与方法 ········· 46
　　　3.1.3　对标范例：生产人员素质测量指标与方法 ········· 47
　　　3.1.4　对标范例：营销人员素质测量指标与方法 ········· 48
　　　3.1.5　对标范例：财务人员素质测量指标与方法 ········· 49
3.2　职业生涯评估 ·· 51
　　　3.2.1　职业生涯评估的四个主体 ······························· 51

3.2.2　四类基本要素和三类特殊要素 …………………… 52
　　　3.2.3　表单范例：调查表、规划表和评审表 …………… 53
　3.3　职业生涯决策 …………………………………………… 55
　　　3.3.1　排除三个消极障碍 ………………………………… 56
　　　3.3.2　"5W"思考法回答五个问题 ……………………… 57
　　　3.3.3　CASVE循环走好五个阶段 ………………………… 58

第4章　职业生涯规划与就业、择业、创业 …………………… 61

　4.1　职业生涯规划与就业 …………………………………… 62
　　　4.1.1　就业市场与就业途径 ……………………………… 62
　　　4.1.2　简历筛选与面试题设计 …………………………… 63
　　　4.1.3　曲线就业与灵活就业 ……………………………… 68
　4.2　职业生涯规划与择业 …………………………………… 69
　　　4.2.1　运用两个择业理论 ………………………………… 70
　　　4.2.2　树立理性的择业观 ………………………………… 72
　　　4.2.3　职业道德行为规范与择业 ………………………… 74
　4.3　职业生涯规划与创业 …………………………………… 75
　　　4.3.1　对标案例：创业是更好的就业 …………………… 76
　　　4.3.2　变革型领导与优秀企业家 ………………………… 77
　　　4.3.3　"三能"人才与创业实践 …………………………… 79
　　　4.3.4　思维创新与方法创新 ……………………………… 85

第5章　职业生涯规划工具的运用 ……………………………… 89

　5.1　成为更好的自己 ………………………………………… 90
　　　5.1.1　职业价值观测试 …………………………………… 90

5.1.2　自我管理技能 92
　　　5.1.3　知识管理技能 93
　　　5.1.4　SWOT决策分析法 94
　　　5.1.5　职业生涯行动计划 96
　5.2　运用协作工具融入团队带好团队 97
　　　5.2.1　工作复盘与述职报告 98
　　　5.2.2　无缝沟通与冲突管理 100
　　　5.2.3　工作评估改善法 102
　　　5.2.4　时间管理矩阵 104
　　　5.2.5　系统思考法 104

第6章　岗位标准与晋级能力分析 107

　6.1　六个岗位三类标准分析与设计 108
　　　6.1.1　岗位胜任资格标准分析 108
　　　6.1.2　标准范例：销售经理岗位胜任资格标准 108
　　　6.1.3　标准范例：市场经理岗位胜任资格标准 109
　　　6.1.4　岗位工作任务标准分析 110
　　　6.1.5　标准范例：质量经理岗位工作任务标准 110
　　　6.1.6　标准范例：客服经理岗位工作任务标准 111
　　　6.1.7　岗位成果业绩标准分析 112
　　　6.1.8　标准范例：生产经理岗位成果业绩标准 112
　　　6.1.9　标准范例：车间主任岗位成果业绩
　　　　　　　标准设计 114
　6.2　八类通用晋级能力分析与提升 114
　　　6.2.1　术业专攻能力 115
　　　6.2.2　高效执行能力 117

  6.2.3 多向沟通能力 ·········· 118
  6.2.4 文案写作能力 ·········· 121
  6.2.5 业务创新能力 ·········· 122
  6.2.6 讨价还价能力 ·········· 123
  6.2.7 团队管理能力 ·········· 125
  6.2.8 终身学习能力 ·········· 126

第 7 章　岗位胜任素质分析与员工职务特征要求 ·········· 129

7.1　八类岗位胜任素质分析 ·········· 130

  7.1.1 营销岗位胜任素质模型 ·········· 131
  7.1.2 技术岗位胜任素质模型 ·········· 131
  7.1.3 研发岗位胜任素质模型 ·········· 132
  7.1.4 生产岗位胜任素质模型 ·········· 133
  7.1.5 财务岗位胜任素质模型 ·········· 134
  7.1.6 行政管理岗位胜任素质模型 ·········· 135
  7.1.7 文案写作岗位胜任素质模型 ·········· 136
  7.1.8 人力资源管理岗位胜任素质模型 ·········· 137

7.2　八类岗位员工职务分析 ·········· 139

  7.2.1 营销人员职务特征与要求 ·········· 139
  7.2.2 技术人员职务特征与要求 ·········· 140
  7.2.3 研发人员职务特征与要求 ·········· 141
  7.2.4 生产人员职务特征与要求 ·········· 142
  7.2.5 财务人员职务特征与要求 ·········· 143
  7.2.6 行政管理人员职务特征与要求 ·········· 144
  7.2.7 文案写作人员职务特征与要求 ·········· 145
  7.2.8 人力资源管理人员职务特征与要求 ·········· 146

第 8 章 如何设计企业员工的职业发展路径 ... 147

8.1 五类企业职业发展背景与问题分析 ... 148
- 8.1.1 初创公司职业发展设计问题与示例 ... 148
- 8.1.2 民营企业职业发展设计问题与示例 ... 149
- 8.1.3 国有企业职业发展设计问题与示例 ... 151
- 8.1.4 外资企业职业发展设计问题与示例 ... 154
- 8.1.5 跨国集团职业发展设计问题与示例 ... 156

8.2 企业员工职业发展路径系统设计 ... 157
- 8.2.1 划分企业员工职业发展路径的四种模式 ... 157
- 8.2.2 畅通企业员工职业发展路径的四项原则 ... 158
- 8.2.3 设计企业员工职业发展路径的八个步骤 ... 158
- 8.2.4 实施企业员工职业发展路径效果的评估与反馈 ... 160

8.3 企业八类岗位员工职业发展路径设计 ... 161
- 8.3.1 营销人员职业发展路径设计 ... 161
- 8.3.2 技术人员职业发展路径设计 ... 163
- 8.3.3 研发人员职业发展路径设计 ... 164
- 8.3.4 生产人员职业发展路径设计 ... 166
- 8.3.5 财务人员职业发展路径设计 ... 168
- 8.3.6 行政管理人员职业发展路径设计 ... 169
- 8.3.7 文案写作人员职业发展路径设计 ... 170
- 8.3.8 人力资源管理人员职业发展路径设计 ... 171

参考文献 ... 173

第1章
职业生涯规划现状盘点

1.1 个人职业生涯规划

在心理学研究中存在着现实自我和镜中自我的说法。也就是说，每个人自我意识中的自己与别人印象中的那个自己不是完全相同的。反映在职业选择上就是，自己认为合适的职业，父母、师长、身边朋友可能并不认同与支持。

美国著名心理学家罗杰斯提出，每个人都有两个自我：现实自我（Actual Self，简称AS）与理想自我（Ideal Self，简称IS）。其中，现实自我是个人在现实生活中获得的真实感觉，而理想自我则是个人对"应当是"或"必须是"等理想状态的期望。

美国社会学家、心理学家查尔斯·霍顿·库利在他的《人类本性与社会秩序》一书中提出了"镜中之我"（The Looking-glass Self）的理论，即镜中自我，就是指一个人通过观察别人对自己行为的反应，从而形成自我认知，完成自我评价。

比如说，儿时我们会特别关注父母及身边人的面部表情，从而判断对方是否喜欢自己的行为表现，而刻意做出下一步行动；成年后，在职场中，收到领导、同事或下属对自己的评价信息时，我们大部分人会做出改进，以期达到与对方尤其是上司的统一，这也是个人对自己职业生涯的设计和规划。

在职场中，每一个人都会对自己或失望，或满意。同时，其他人也都像是自己的一面镜子，或轻视、拒绝，或认同、激励。也就是说，更多时候，一个人是通过他人对自己工作完成情况的评价或者表现的态度，以反观自身，形成不同于以往的自我观念。这也是个人对自己职业生涯的调整或转向。

1.1.1 个人职业生涯规划的五大误区

"骏马能历险，犁田不如牛；坚车能载重，渡河不如舟。"对于一个人是否需要规划自己的职业生涯，从什么时候开始规划更好，或者如何规划得更好等问题，大家各执一词。不仅如此，随着智场人士关于个人需要职业生涯规划的看法趋同，而规划的实用工具和方法不同，规划的误区也越来越明显了。个人职业生涯规划存在五大误区，如图1-1所示。

（1）职业生涯规划脱离组织或个人需要

① 职业生涯规划的目的是在满足组织需要的同时，实现个人职业的良性发展。也就是说，个人应该沿着组织设定的职业发展路径，逐步实现个人价值。同时，作为

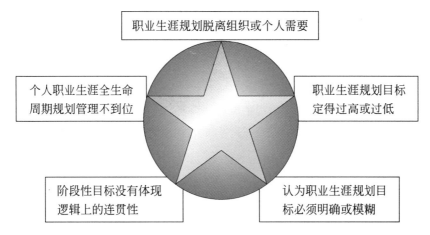

图1-1 个人职业生涯规划的五大误区

组织存在的最普遍形式的企业,应通过员工价值的持续提升,实现企业人力资源效用的最大化。

② 组织与个人的需要是紧密相连的,任何一种职业目标的规划都离不开另一方的支持或辅助,个人不能脱离企业需要来规划职业目标,企业也不能脱离个人的诉求来搭建组织的岗位发展路径。

(2)职业生涯规划目标定得过高或过低

① 个人在进行职业生涯规划前没有正确、客观地进行自我分析或个性评估,结果导致制定的职业生涯规划目标太高,实现不了,或者太低,没有激情和动力去完成。

② 规划职业生涯目标要在个人自我认知的基础上实施,同时,参照模板,或者充分考量成功人士的相关经验,经过工具测评、专家评估,测算一个可以达到的级别,在相应的级别上确定可行性的发展目标。

(3)认为职业生涯规划目标必须明确或模糊

① 职业生涯规划的目标应该明确具体还是高远模糊,这一点要视具体诉求的不同进行具体分析。对于身处职场几年、工作经验较丰富的员工来说,基本上已经知道了自己适合做什么,不适合做什么,因此,可以制定比较明确具体的岗位发展目标。

② 对于"小白""菜鸟""小蘑菇"等企业新员工或应届毕业生来说,制定明确具体的目标,可以避免其精力过于分散;而制定模糊宽泛的目标,或者作为企业管理培训生,在各个部门轮岗,则能够积累多行业、众岗位的经验,最终也可以找到真正适合自己的方向。

③ 对于能力和潜质都比较高的员工来说,职业生涯规划目标则可以相对模糊一些,以便于在日后职业发展中更加游刃有余,为寻找更能展现自我能量的发展道路留有足够的余地。

(4)阶段性目标没有体现逻辑上的连贯性

① 为确保人生目标的实现,通常将职业生涯目标的实现划分成不同的阶段,即短期、中期和长期职业生涯目标的规划,在逐步实现每个阶段性目标的基础上,实现美好的人生目标。

② 针对职业生涯规划实施过程中出现的偏差,应确保每一个阶段性目标的实现均可以为人生最终目标的实现奠定基础。同时,注重随时检查、调整纠偏、完善优化路径。

(5)个人职业生涯全生命周期规划管理不到位

就像企业创立、发展、高峰、蜕变的发展历程有生命周期一样,个人的职业生涯规划也应该注重全生命周期规划的管理。换句话说,就是一个人要像经营一家企业一样经营好自己。个人做好职业生涯规划不仅可以实现学习、生活和工作的平衡,还能够实现个人美好的梦想。

1.1.2 个人职业生涯认知的四个重点

自我认知(Self-Cognition)也称为自我意识,是个体对自我存在的洞察和理解,或者说是找到理想自我、镜中自我。职业生涯的自我认知,是对自己职业发展历程的感知、思维和意向等方面的觉察,继而对自己的职业选择产生的不同想法、期望、行为及人格特征的判断与评估。只有自我认知到位,才能对自己职业发展的优势与不足做出正确的评判,进而进行自我调节、职业生涯控制或设计,尽可能发现并挖掘个人的主业、副业或择业潜能。明晰的自我认知可以促使自己未来的职业活动融入资源更强的圈子,让自己的职业生涯规划更有意义,更快实现成功的职业人生。个人职业生涯认知的四个重点,如图1-2所示。

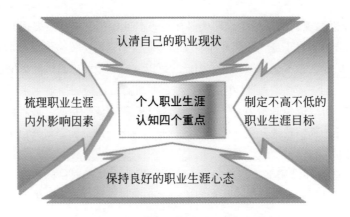

图1-2 个人职业生涯认知的四个重点

（1）认清自己的职业现状

① 财富所得　自己的职业收入年薪多少？股票多少？自己在本职业当前劳动力市场上处于什么水平？有多少储蓄？有多少固定资产？有多少无形资产？自己的综合身价达到多少？

② 社会阶层　自己的职位在什么层级？还有没有晋升的余地？组织内外的人际关系如何？社会对自己职业的认可度如何？个人的朋友圈子有哪些？

③ 自我实现　自身有什么样的需求？自己对目前从事的工作是否满意？如果不满意，是什么原因？3～5年内是否经常有猎头主动来挖你帮你换更好的工作？你的工作与生活平衡吗？你的职业幸福感指数是多少？

（2）制定不高不低的职业生涯目标

职业生涯目标包括人生目标、长期目标、中期目标和短期目标。个人通常要根据自己的专业、兴趣和价值观及社会发展趋势确定自己的人生目标和长期目标，再把人生目标和长期目标分解为中期目标和短期目标。但是，何为不高不低、适合个人目前发展阶段的职业生涯目标呢？形象地比喻一下，不是制定一个你坐着、躺着或跷着二郎腿就能轻松实现的目标，而是制定一个需要你站起来，伸长胳膊，再蹦一蹦才能抓得着的目标。

（3）梳理职业生涯内外影响因素

职业生涯的影响因素主要包括两大方面，即个人因素和环境因素。个人因素主要指一个人的原生家庭情况、身体素质、职业价值观和教育背景等。环境因素主要包括所处空间地域的经济发展水平、国家就业政策、社会舆论、企业环境、学校教育资源和家庭教育氛围等。因此，一个人在制定个人的职业生涯发展目标时，应将客观环境实际情况充分考虑进去。

（4）保持良好的职业生涯心态

① 合理定位，把握机会　就业机会好比一把双刃剑，把握好，能成为个人向上发展的动力，否则就会在愿望与现实之间产生较大的心理落差而错失就业良机。

② 拥有自信，善于展现　自信是建立在对自己能力的发现和正确评估之上的，是对自己正确、客观、全面的评价，进而能够肯定自我，展示自我。

③ 直面竞争，敢于创新　要树立竞争意识，遵守竞争规则，培训自己的实力，勇于面对竞争，并综合考量主业与副业、稳收入与赚外快之间的关系，也可以选择成为自由职业者。

④ 正视挫折，心态积极　正确认识挫折的种类，寻找针对性的解决方法，适应社会需要，摒弃焦虑、浮躁、自卑、投机取巧、斤斤计较、盲目、抑郁等不良情绪，建立和谐人际关系，赢得更多的支持。

⑤ 学会坚持，屡败屡战　要有足够的耐心，不断谋求更高的发展，跌倒了再爬起来，并不断调整自己的职业目标，直至实现个人心目中的成功。

1.1.3　个人与企业职业生涯沟通的技巧

个人职业生涯规划的目的在于实现人生的自我价值，同时，与组织职业生涯管理相结合，促进组织实现人力资源效用的最大化。然而，如何保证员工个人职业生涯目标与组织目标的一致性？方法就是实现双方职业生涯规划的无缝沟通。

如果双方没有及时沟通到位，员工本人对组织为其设计的发展道路一无所知，员工的诉求得不到满足就会产生失落感，甚至冒险选择离开企业另谋高就。企业也会因为失去一个又一个核心员工而受到损失，甚至因人才流失导致经营管理上的危机。一般而言，员工与企业之间的职业生涯规划沟通要掌握一定的技巧，主要包括两个方面：沟通前的准备事项和沟通时的细节把控。

（1）沟通前的准备事项

沟通前的准备主要包括三大事项，如图1-3所示。

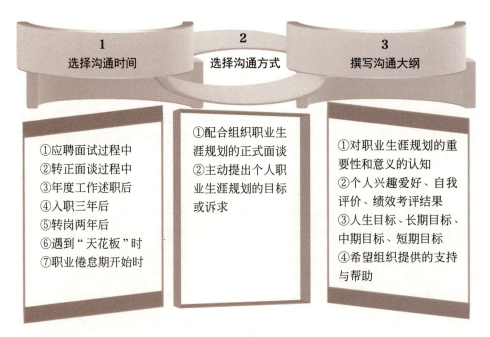

图1-3　沟通前准备的三大事项

（2）沟通时的细节把控

沟通时的细节把控主要包括四个方面，如图1-4所示。

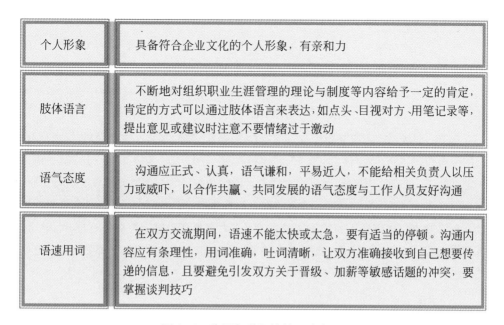

图 1-4 沟通细节把控的四个方面

1.1.4 离职、跳槽的时机选择

拿到年终奖再离职,还是放弃年终奖直接离职,哪种才是真正的职场赢家?可以从以下四个方面寻找答案。

(1)明确给出针对三个问题的看法

问题一:放弃年终奖能够使你有充足的时间找到更好的工作吗?

为什么要放弃年终奖呢?"骑驴找马"为什么不可以呢?只要不影响做好手头工作任务,利用年假或者请假去面试也无可厚非。

问题二:因为拿了前东家的年终奖而心里过意不去吗?

为什么要过意不去呢?薪酬是劳资双方的等价交易,只要你在过去的一年中尽心尽力完成了领导交代的各项工作任务,绩效考评合格,就应该拿到年终奖,问心无愧。

问题三:拿到年终奖再离职,还是放弃年终奖直接离职?

得看新岗位的入职时间要求,或者项目的紧急程度。既然决定放弃了这一个,就不要恋恋不舍;看好了下一个,就尽快进入状态吧。

(2)什么才是真正的职场赢家

坪内寿夫说过,不论从事什么事业,都要打破现状,安于现状就是退步,自以为现状已经很好,就无法再突破;不求发展,明日就会失败,必须不断破坏现状,尔后才能创出新的天地。

每个人的职场经历都不会差别太大，而大多数成功的人与没有成功的人的最大区别往往就是面对职场的态度不同。

真正的职场赢家，很清楚高额年终奖与好机遇孰轻孰重，该要什么或不该要什么。

真正的职场赢家，眼光不短浅，他们看得很远，他们有职业生涯规划，他们凭自己的努力和积累的运气可以达到"天时地利人和"的境界，他们每走一步尤其是迈出决定性的下一步都心中有数。真到时候了，他们会毫不犹豫地放弃年终奖直接离职，因为年前面试成功，年后等不及拿年终奖就辞职跳槽了；真到时候了，他们会果断地放弃年终奖直接离职进入新的项目团队，用实力获得高于原年终奖数额的项目奖金；真到时候了，他们会义无反顾地放弃年终奖直接离职，再找新工作，即使需要在这期间自己找第三方机构缴纳社保和公积金。

（3）什么是年终奖——激励的实质与舍得的看法

以下是某公司奖金发放管理的细则，可供参考。

第1条　目的
为了合理分配员工劳动报酬，激发员工的积极性、能动性和创造性，特制定本细则。

第2条　适用范围
① 员工入职转正为正式员工的可享有当月的月绩效奖金。
② 在本企业工作工龄超过6个月的方可享有年度奖金。
③ 绩效考评分数低于60分的不予发放。
④ 不包含试用期员工。

第3条　奖金分配的原则
① 鼓励先进，鞭策后进，奖优罚劣，奖勤罚懒。
② 多超多奖，少超少奖，不超不奖。
……

第5条　年终奖金
① 发放时间　在每年1月15日发放上一年度年终奖金。
② 发放标准　依据公司年度盈利额、部门绩效及个人绩效发放。公司不盈利或盈利为负数时不发放年终奖。

③ 分配办法

a. 通过公司财务表，确定总奖金额度。

b. 年终奖＝部门绩效考评得分 × 个人绩效考评得分 × 绩效薪点。

绩效薪点＝固定薪资占总固定薪资的比率 × 总奖金额度或部门奖金额度。

第6条　关于年终奖的其他规定

① 当年有严重违纪行为的员工不计发第13个月、第14个月的工资及奖励基金。

② 年底计发年终奖的当日必须仍在公司工作岗位，如发放奖金前离职，包括发放日前提出辞职或者因过失、非过失解除劳动合同的将不计发其年终奖金。

……

年终奖是对员工一个年度业绩的认可，是对好员工的激励。年终奖是好员工应得的，但是，也必须遵循公司的相关规定。当然，如果你认同"有舍才有得"的观点，在做出一个决定之前衡量好了"得与失"，那么也就没有什么好纠结的！

（4）角色扮演互助探讨解决困惑

说再多的理论、理念或思路都是纸上谈兵，咱们不妨借鉴一下角色扮演的方法，设定一个具体的角色和情境，自行演练一下，在讨论过程中充分探究"年终奖与新发展机会"的盲区，以助力遇到同样困惑的职场小伙伴做出不后悔的决策吧！

角色扮演操练：两人一组，两轮演练，互相扮演公司的招聘人力资源从业者（HR）和应聘者的角色。先完成各自的任务，应用薪酬谈判技巧进行谈判，角色扮演后再各自针对问题进行总结，并制作改进方案。面试与薪酬谈判的角色特征，如表1-1所示。

1.1.5　职业生涯规划五项准备

《礼记·中庸》有言："凡事预则立，不预则废。"这句话意思就是，不论做什么事情，只有事先做好充足的准备，才能够获得成功，不然就会惨遭失败。其实，个人职业生涯规划这个人生大事儿也是如此啊！

表 1-1 面试与薪酬谈判的角色特征

角色 1：××公司人力资源部的招聘 HR		角色 2：求职者	
××公司的优势和劣势		求职者情况	
优势	劣势	个人情况	29 岁，男，硕士，非京籍，租房，未婚
① 业内知名度高、影响力大 ② 有强大的培训体系，可帮助员工快速成长 ③ 企业处于高速成长期，发展空间大，机会多 ④ 有月度、季度、年度绩效奖金，比竞争对手丰厚	① 招聘信息发布了 5 个月没有合适人选 ② 该岗位市场人才缺口比较大 ③ 工资水平不在行业领先位置 ④ 制度严格，工作压力非常大	工作情况	目前在职，具有××软件公司 6 年软件开发经验，毕业至今未换过工作
		收入情况	目前收入 8000 元（基本工资）+500 元补贴/月+五险一金+两个月工资的年终奖
		离职动机	① 不满意现有的企业文化，没有动力 ② 公司薪酬结构不合理，工作动力不足
		求职动机	① 到大公司学习新技术，提升技能 ② 学习大公司的管理制度和运营机制，以后向管理层发展
		薪酬目标	工资 12000 元以上+各类奖金+福利
角色 1 任务		角色 2 任务	
① 预算范围内招到合适人才，预算低于 15000 元 ② 打压策略及问题 如果公司需要你下个月 1 日正式入职，可以做到吗？离职流程是怎样的？有哪些问题吗？ …… ③ 吸引策略及问题 ……		① 明确的个人职业生涯规划 …… ② 关于面试结束前需要沟通的问题 我计划年前面试、年后入职的三个理由 …… ③ 准备应聘问题，以便达到应聘目标 ……	

个人职业生涯规划不可能一蹴而就，个人在确定了自己的职业目标之后，就应该尽快地进入职业生涯规划的准备阶段，准备内容主要包括职业心理状态、知识技能储备、人脉圈子平台、"三商"探索和高效时间管理等，如表 1-2 所示。

表 1-2 个人职业生涯规划五项准备

准备事项	准备要点
职业心理状态	充分认识到职业生涯规划的重要性和价值意义,对择业、就业、创业有准备
	尽早找到自己的"兴趣+个性+技能"的"职业蜜罐区"
知识技能储备	职业生涯规划是一门学问,要掌握工具、方法,以及进行阶段性的知识技能测评
	在个人职业生涯的各个阶段,在每个行业、组织都要使人员和岗位匹配好
人脉圈子平台	每个人都要战胜自卑心理,树立自信心,克服怯懦,避免冲动,走出偏执误区
	没有永远的敌人或者竞争对手,一个人的长足发展要看他身边的人脉圈子,能够得到贵人相助甚好,如果没有的话,就自己找平台,朋友之间互相成就
"三商"探索	"三商"指的就是智商、情商和逆境商
	智商可以看学历和证书,情商就是情绪控制能力和低调做人高调做事的态度,逆境商就是一个人面对逆境的反应方式,即面对挫折、摆脱困境和超越困难的能力
高效时间管理	凡事都要掌握好时机、提高效率,职业生涯规划更是如此
	职业生涯规划应该从小就有所准备,在职业生涯的早期、中期和晚期进行专业化规划

1.2 组织职业生涯管理

人力资源管理关注的是人,而员工永远是解决一切组织业务问题的核心。歌德说过:"如果我们认为别人就是我们观察到的那个样子,然后以此来对待他们,那么我们只能使他们变得更糟;如果按照他们应该成为的样子去对待他们,我们就能让他们变得更好。"这与组织职业生涯管理的必要性和充分性非常切合,或者换句话说,好员工是管出来的,是规划出来的。

1.2.1 组织职业生涯管理的四个目标

组织职业生涯管理,可以为员工的职业生涯成功提供基本的载体和科学的规划,针对员工的个人成长和职业生涯发展发挥不可或缺的重要指导作用。从组织核心竞争力的提升和可持续发展的角度来看，职业生涯管理同时也起着培育人才的关键作用。同样，成功的职业生涯管理在招聘、吸引、留用优秀员工的过程中也是必不可少的。

从更加广泛的意义上来说，组织进行职业生涯管理，规划员工的岗位发展路径，能够提高员工的工作质量，形成积极向上的工作态度，并提高他们对企业的忠诚度。具体而言，组织职业生涯管理需要树立四个方面的目标，如图1-5所示。

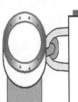

快速实现员工的组织化：组织要将没有职业阅历或者有其他企业职业经历的新人，塑造成为基本符合本企业需要的员工，即使其尽早在本企业中被认同，成为具备老员工特质和职业素养的人，圆满完成岗位工作任务，就必须为其制订职业生涯规划

促进员工能力和潜能发展：人力资源作为能动性的资源，发挥其能力和潜能至关重要。职业生涯管理能够使企业和员工本人更加了解员工个人能力，实现人岗匹配，并及时发现、发掘其潜能，更好地实现二次职业生涯定位与一次又一次的事业高峰

实现员工与企业发展目标的统一：通过量身定制员工尤其是关键和核心岗位人才的职业生涯规划，给予其必要的、及时的帮助与指导，可以使员工快速成才，同时又能满足企业生命周期各个阶段对于人才的需要，从而实现员工和企业的双赢

促进企业做大做强和长久发展：成体系的职业生涯规划和管理，能够为企业吸引和留住优秀人才，并为员工提供培训和发展机会，指明晋升渠道和发展路径，使企业员工更加具有责任感和创造性，以保证企业事业的有序经营和可持续性提升

图1-5 组织职业生涯管理的四个目标

1.2.2 组织职业生涯管理的五个前提

组织自身必须修炼到位才可以谈针对其成员的职业生涯管理。"麻雀虽小，五脏俱全"，对于一家拥有来自各地员工或者想双方共赢的企业而言，组织职业生涯管理，既是企业通过各类人才的努力实现高效、有序、持续发展运营的需要，又是企业吸引

更多优秀人才的不二做法。然而，一家企业的组织职业生涯管理到底效果如何，还得看其人力资源管理的基础条件。

企业做好组织职业生涯管理的五个前提，如图1-6所示。

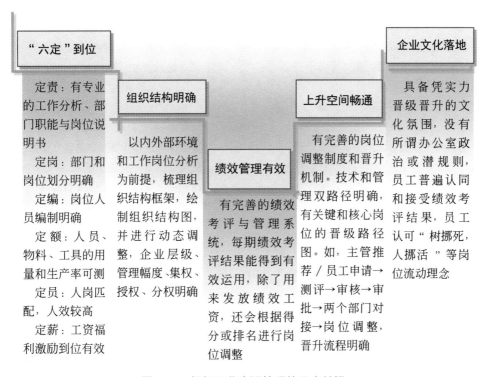

图1-6 组织职业生涯管理的五个前提

1.2.3 组织职业生涯管理的六项任务

组织职业生涯管理的任务，即是研究组织发展需求与员工成长和潜能开发之间的关系及其相互作用。其研究主体是以企业为代表的组织，研究客体是员工，研究内容是两者之间的发展变化和相互促进关系，即按照企业各个发展阶段对于人才的不同标准的诉求规划人才队伍，同时，依据人才能力和职业生涯诉求匹配职务和晋升路径。

当然，组织职业生涯管理受到个人兴趣、组织发展和环境因素等多方面的综合影响，所以要进行有效的职业生涯开发与管理，就必须在管理过程中对上述各有关因素加以系统分析和研究，在明确目标和前提的基础之上完成任务。企业做好组织职业生涯管理的六项任务，如图1-7所示。

建立人才测评系统	进行专业的职业生涯评估体系
提供测评工具，助力员工了解自我，关注有潜力的员工	从新员工入职的第一天起，就做入职引导，规划每一类员工的职业生涯
建立职业生涯规划管理制度	**建设配套体系，提供配套工具**
明确目的、目标，提供竞聘规则，兑现激励承诺	完善绩效评估，明确甄选升迁标准，进行职业生涯调适，加大培训开发力度
提供员工能力发挥的大舞台	**建设人才职业生涯规划教练队伍**
员工成长了，技能提升了，要敢于交给其更有挑战性的任务	就像提供员工援助计划（EAP）一样，组织为员工提供职业生涯咨询

图1-7 组织职业生涯管理的六项任务

1.2.4 组织职业生涯管理的七种角色

在企业管理过程中，有一个非常重要的原则叫作"责、权、利对等"，即一个岗位的管理职务高低，或者做一个项目、一件事情时，谁承担多大的责任，决定了你的权力有多大和你的利益分配有多少，三者成正比，这样才能保质保量且高效地完成工作任务。

企业应做好组织职业生涯管理的七种角色定位和职责任务，如图1-8所示。

1.2.5 为员工提供职业咨询

职业咨询（Career Counseling），是指包括求职、就业、创业指导、人才素质测评、职业生涯规划、职业心理咨询等一系列相关业务的人力资源开发咨询服务。

职业咨询主要是根据人身心发展各阶段的不同特征，通过规划指导活动，使个人能正确认识职业与自己，能明智地选择自己理想的职业，自觉地规划自己的生活道路，积极自主地把握自身命运，并且具有将个人的选择决策与规划在今后的职业生涯中实现的能力。

职业咨询已经成为大中城市白领职业定位的重要标准。他们把自己关于职业蓝图方向不明的种种困惑交给职业咨询专业人士，由专家运用心理学、社会学等多学科的知识，为自己提供寻找职业及其发展过程中遇到的有关问题的建议、信息和帮助。

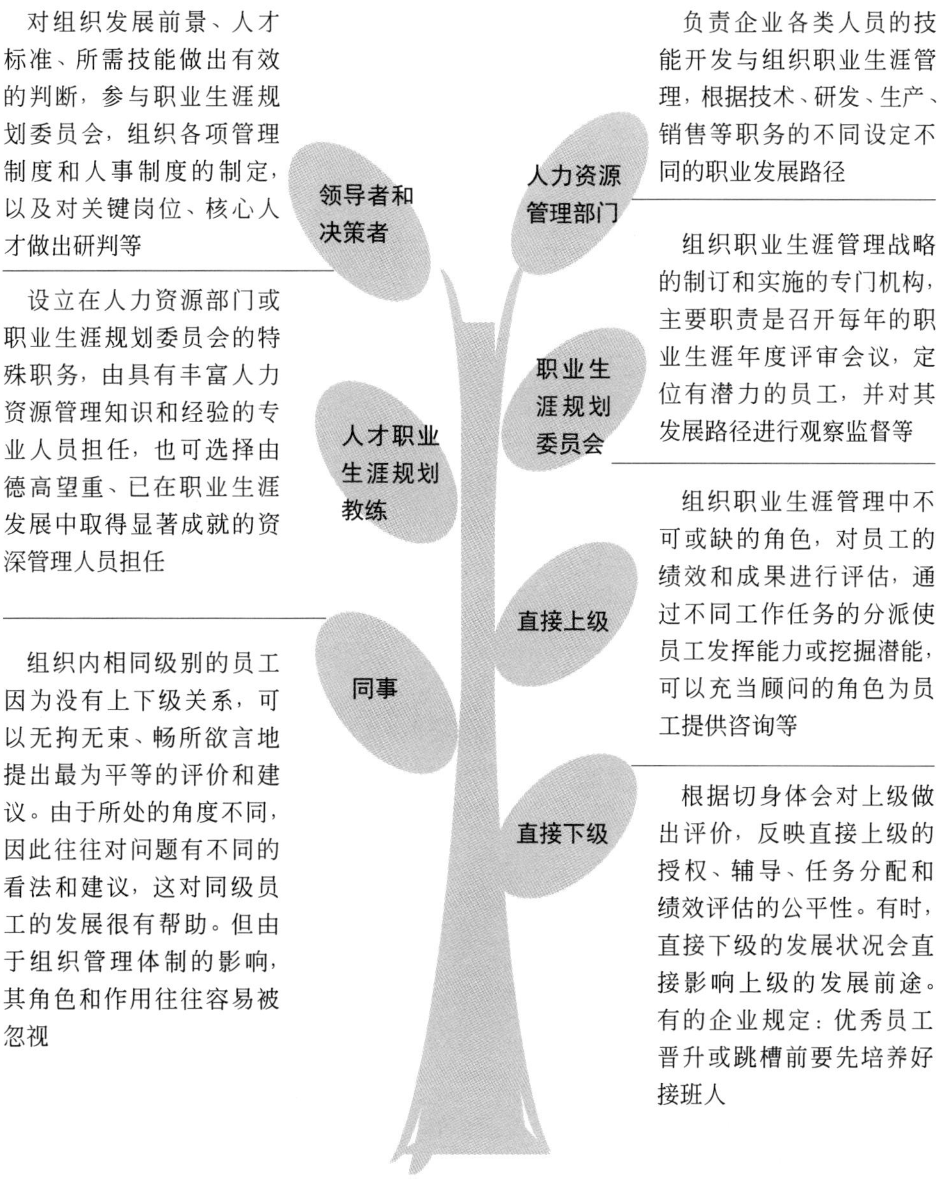

第1章 职业生涯规划现状盘点

领导者和决策者：对组织发展前景、人才标准、所需技能做出有效的判断，参与职业生涯规划委员会，组织各项管理制度和人事制度的制定，以及对关键岗位、核心人才做出研判等

人才职业生涯规划教练：设立在人力资源部门或职业生涯规划委员会的特殊职务，由具有丰富人力资源管理知识和经验的专业人员担任，也可选择由德高望重、已在职业生涯发展中取得显著成就的资深管理人员担任

同事：组织内相同级别的员工因为没有上下级关系，可以无拘无束、畅所欲言地提出最为平等的评价和建议。由于所处的角度不同，因此往往对问题有不同的看法和建议，这对同级员工的发展很有帮助。但由于组织管理体制的影响，其角色和作用往往容易被忽视

人力资源管理部门：负责企业各类人员的技能开发与组织职业生涯管理，根据技术、研发、生产、销售等职务的不同设定不同的职业发展路径

职业生涯规划委员会：组织职业生涯管理战略的制订和实施的专门机构，主要职责是召开每年的职业生涯年度评审会议，定位有潜力的员工，并对其发展路径进行观察监督等

直接上级：组织职业生涯管理中不可或缺的角色，对员工的绩效和成果进行评估，通过不同工作任务的分派使员工发挥能力或挖掘潜能，可以充当顾问的角色为员工提供咨询等

直接下级：根据切身体会对上级做出评价，反映直接上级的授权、辅导、任务分配和绩效评估的公平性。有时，直接下级的发展状况会直接影响上级的发展前途。有的企业规定：优秀员工晋升或跳槽前要先培养好接班人

图1-8 组织职业生涯管理的七种角色定位和职责任务

1.2.5.1 职业咨询的起源

1908年，帕森斯在美国的波士顿开设了世界上第一所职业咨询所。1909年，帕森斯撰写了《职业的选择》一书，在该书中系统论述了职业咨询的理论和实践方法，并在世界范围内第一次运用了"职业指导"这一术语。

1.2.5.2 职业咨询的发展

职业咨询的发展分为三个阶段。

① 第一阶段，1908年至第一次世界大战，以职业咨询与介绍职业为主流。

② 第二阶段，第一次世界大战后至20世纪50年代，探索职业四肢测试的技术，重视对职业咨询激发的研究。

③ 第三阶段，二十世纪六七十年代至二十世纪末，职业生涯教育作为一种新的教育方式，受到了广泛重视。

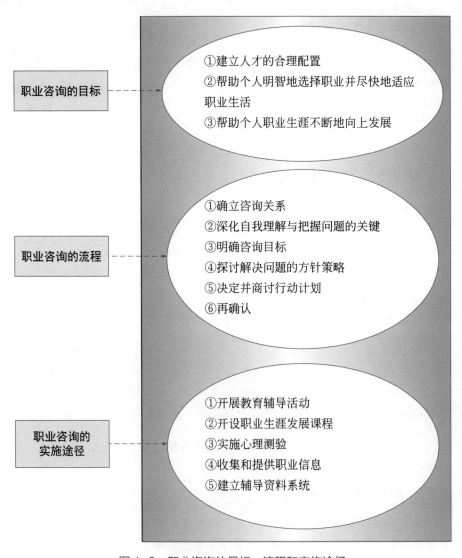

图1-9 职业咨询的目标、流程和实施途径

1.2.5.3 职业咨询的主要特征

① 通过语言手段，针对职业上的个人规划、选择、适应、发展等内容，进行专门性的援助。

② 咨询双方相互信赖关系的质量是职业咨询能否朝着目标顺利进行的关键。

③ 职业咨询也是对人在职业生活中产生形形色色心理问题的援助。咨询师根据个人的具体情况，或提供有关信息情报，或站在来访者立场上一起分析问题，或给予忠告建议，或采用心理测试等手段帮助个人自我理解等。

④ 职业咨询活动注重启发来访者对自身的了解，加强其对自己行为的责任意识，使咨询结果能成为个人的意志行为。

1.2.5.4 组织为员工提供职业咨询的三大关键

即为员工提供职业咨询的目标、流程和实施途径，如图1-9所示。

1.2.6 为员工提供在职辅导

组织要为员工提供职业生涯规划在职辅导，包括绩效辅导、技能辅导、履职能力辅导、工作态度辅导等，如表1-3所示。

表1-3 职业生涯在职辅导的内容

项目	辅导要点
绩效辅导	绩效辅导以本岗位期初定好的各项关键绩效指标的目标值为最终目标
	拿到岗位绩效成果是员工职业生涯向前发展的基本条件，只有当前岗位的绩效考评表现卓越，才有资格向着更高一级的岗位目标努力
技能辅导	技能辅导就是找到差距并弥补，挖掘潜力，发扬光大
	明确哪些技能尚不能达到目标岗位的技能要求，以此来确定技能辅导的主要内容和辅导目标，个人主动求学求变，或者抓住企业提供的培训学习机会
履职能力辅导	针对岗位绩效和个人技能存在的差距制定培训计划，在代理岗位表现卓越
	根据职业生涯规划中下一个目标岗位所要求的各项能力标准，比对个人能力存在的不足或缺陷，通过培训、轮岗、操作实践提升综合实力
工作态度辅导	如果有的员工能力强、态度差，有的员工能力弱、态度好，企业往往选择后者
	社会学中有"前喻文化""并喻文化""后喻文化"之说，对于企业员工来说，就是分工协作中后辈向前辈学习，同事之间互相学习，年龄大的需要在互联网等高科技方面向年龄小的学习

1.3 职业生涯规划系统构建

1.3.1 框架图谱：呈现职业生涯规划系统

无论是择业、就业、创业，还是大学刚毕业选择行业、组织与岗位，或者职场工作三五年后遇到瓶颈、"天花板"想二次定位，都需要进行系统的职业生涯规划。职业生涯规划，就是找寻一个事业方向，而不仅仅是一份解决温饱的工作。职业生涯二次定位，就是用勇气改变可以改变的事情，用胸怀接受不能改变的事情，用智慧分辨两者的不同。

那么，如何才能更好地构建职业生涯规划系统总体框架图谱呢？职业生涯规划系统包括个人职业生涯规划和组织职业生涯管理，既要有工具，又要掌握好方法。职业生涯规划系统总体框架图谱，如图1-10所示。

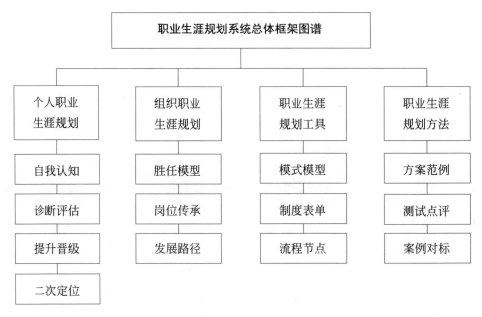

图1-10 职业生涯规划系统总体框架图谱

"工欲善其事，必先利其器。"这里的"器"就是上图中的工具和方法。也就是说，工匠想要把工作做好，生产好的产品，必须先使其工具锋利，方法得当。相对而言，职业生涯规划必须是一个系统，个人也要像经营一家企业一样，把眼光放长远，对照各个阶段"招兵买马"。工具和方法是参与完成职业生涯规划活动的重要手段之一，选择合适的工具和方法会使职业生涯规划活动的效率更高，甚至会达到倍增的效果。职业生涯规划活动反过来又促进工具和方法的改进，并对新工具的研发和新方法的探索起着强大的推动作用。

1.3.2 一张"画布"：设计职业生涯规划系统

无论是个人还是企业，针对职业生涯规划，要定位，要计划，要做出决策，尝试改变。但是，问题也来了，如何设计职业生涯规划系统？或者说，能否绘制一张"画布"作为职业生涯规划的路径图呢？答案是肯定的，详见表1-4所示。

表1-4 职业生涯规划系统一张"画布"

职业生涯盘点	职业生涯规划管理系统 三个层次 / 三个阶段 / 五个方向	诊断与评估职业生涯决策 诊断五个工具 / 评估三大关键 / 决策三大措施	促成就业择业与创业 职业生涯规划与就业 / 职业生涯规划与择业 / 职业生涯规划与创业	职业生涯规划相关工具	职场晋级能力提升 岗位胜任资格标准	员工职业发展路径 岗位胜任素质模型	企业职业发展路径 发展路径设计基础
个人规划	组织	价值问卷	就业途径	自我管理	销售经理	营销人员	畅通前提
组织管理	部门	兴趣问卷	就业市场	职业价值观	市场经理	研发人员	实施报告
规划误区	个人	活动记录	简历筛选	SWOT	标准范例	生产人员	—
认知重点	—	—	试题设计	决策分析	岗位工作任务标准	行政人员	五类企业职业路径
沟通技巧	三个阶段	重要人物	曲线就业	体验拼图	标准范例	HR	初创公司
辅导提升	早期	评估三大关键	灵活就业	职业规划	质量经理	文案写作	国有企业
规划准备	中期	评估主体	职业生涯规划与择业	行动计划	客服经理	—	跨国集团
管理目标	—	评估要素	职业—人匹配论	工作复盘	岗位成果业绩标准	职业特征与要求	—
管理任务	晚期	流程范例	择业择业观	述职报告	标准范例	—	五类企业路径对标
管理前提	五个方向	决策三大措施	理性择业观	无缝沟通	生产经理	职业发展路径对标	—
管理角色	自由职业	排除障碍	职业道德行为规范	冲突管理	车间主任	路径设计	—
—	对接HRM模块	"5W"	职业生涯规划与创业	工作评估改善法	组织协调能力	—	手册范例
—	素质测评	CASVE	创业是更好的就业	时间管理矩阵	授权监控能力	—	—
框架图谱	内部竞聘	—	变革型领导	系统思考法	业务梳理能力	—	—
—	岗位轮换	—	优秀企业家	—	团队管理能力	手册范例	—
—	潜能开发	创业实践	三能人才	—	文案写作能力	—	—
画布设计	职务开发	方法创新	思维创新	—	终身学习能力	—	—

20

第2章
设计职业生涯规划管理系统

2.1 按三个层次规划职业生涯

生活美满、事业有成，成为真正的人生大赢家，可以说是每个职场人的美好梦想。但是，要想获得人生成功，影响因素较多，标准和要求也很多。职业生涯规划是需要设计的，是需要像运营一家企业一样管理的，要综合考量多个方向，对接好人力资源管理的各个模块，择业、就业、创业要定好位，要提前区分组织、部门与个人职业生涯规划的不同侧重点。

2.1.1 组织职业生涯规划管理

组织职业生涯规划，是指组织为了帮助其成员实现职业目标，确定职业发展路径，充分挖掘每个人的潜能，促进员工价值最大化、绩效最高化，以利于组织目标实现的统筹过程，也是实现双方共赢的管理活动。

2.1.1.1 组织职业生涯规划的作用与价值

针对企业及其员工双方，组织职业生涯规划的作用与价值主要在体现在八个方面，如图2-1所示。

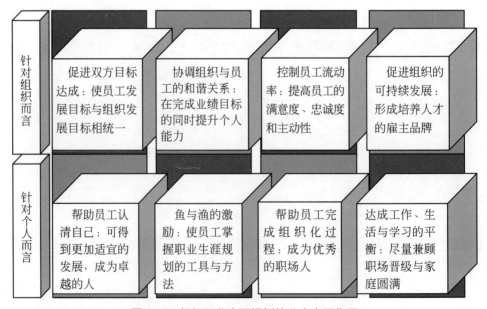

图2-1 组织职业生涯规划的八个方面作用

2.1.1.2　组织职业生涯规划管理的四大关键点

组织职业生涯规划管理的四大关键点，如图2-2所示。

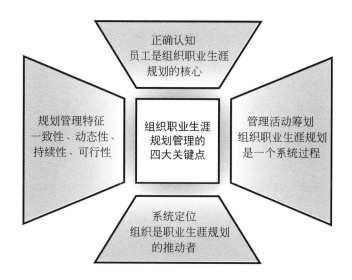

图2-2　组织职业生涯规划管理的四大关键点

2.1.1.3　组织职业生涯规划管理的四项内容

组织职业生涯规划管理的四项具体内容，如图2-3所示。

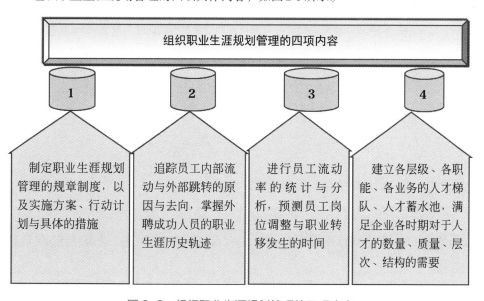

图2-3　组织职业生涯规划管理的四项内容

2.1.2 部门职业生涯规划管理

每个部门作为一个组织或一家公司的直接分支单元,担负着部门员工的直接管理责任。在一个或几个部门中的职业生涯长短,无形中也会影响员工个人的职业发展进程。一般的高层副级人物(VP)等高管都是提前在人力资源、行政、营销或者市场、研发等多个部门锻炼过的。部门的职业生涯规划会让员工感觉到在部门中发展空间大,有舞台,有增强个人发展的信心。

当然,作为部门的负责人,一名优秀的部门经理不仅要争取自己进步,而且要帮助员工成长,为每一位员工绘制呈现职业生涯规划的蓝图。这就需要部门经理"打铁还需自身硬"。

2.1.2.1 部门职业生涯规划管理的四个目标

部门职业生涯规划管理的四个目标,如图2-4所示。

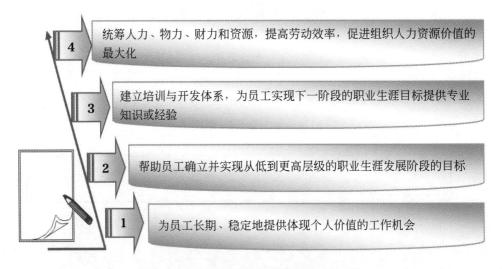

图2-4　部门职业生涯规划管理的四个目标

2.1.2.2 部门职能延伸法与组织战略分析法

这两种方法都是通过对部门目前职能的进一步延伸或扩大,将部门目前弱化的职能或没有开展的业务项目逐步重视起来,以提高部门的业务范围,为部门员工提供更多的就业机会。

部门职能延伸法是站在部门业务范围的高度,发现空白业务,设置相应的岗位,为员工提供更多的工作机会,同时满足部门职业生涯发展的方法。

组织战略分析法是站在组织业务范围的高度，发现部门可拓展的业务范围，为员工提供更多的发展机会，同时满足部门职业生涯规划的方法。

2.1.2.3 教练带徒法

教练带徒法，又称教练法，是一种管理培训方式，起源于20世纪中后期的美国。一些具有远见卓识的团队管理者将运动场上的教练方式应用到企业培训中，并形成一种新的教练培训方法。

与传统的管理培训方法相比，教练带徒法不仅注重知识训练或技巧训练，而且更加强调以人为本，着重于激发个人潜能，发挥积极性，寻找最适合自身发展的工作方式，从而更有效快捷地达到目标。

在企业中，教练带徒法主要适用于以下四类员工：
① 希望工作更有效率、向往成功的人；
② 希望生活改变，但尚未找到方向、目标和手段的人；
③ 具有领导潜能，需要开发的人；
④ 在生活中，工作压力较大的人。

教练带徒法的实际应用主要有两种方式，即训练和辅导。

① 训练　训练是一种由教练与管理人员进行的一对一教学的培训方式。有的企业需要培养能够接替管理者职位的人员，将其安排在主力岗位，并分配一些需要决策能力来解决的重要任务。为了做好这项工作，领导者要作为教练对接替人员进行训练，使学员对有关工作及其与组织目标间的关系有一个全面的了解。

作为教练的人员应当非常愿意与学员分享信息，愿意付出相当多的时间和精力，并与之建立彼此信赖的关系，这样才能保证这一方法的有效施行。

② 辅导　辅导是由经验丰富的人员与学员进行的一对一的在职人员管理开发的方法。辅导者通常是年长并具有丰富经验的员工，他以朋友、顾问的身份对被辅导者进行辅导，被辅导者可以是组织中任意职位的人，组织应有计划地建立辅导者和被辅导者的关系。

对于辅导工作来说，辅导者与被辅导者双方的兴趣必须一致，并能够相互理解，彼此互相学习。

2.1.3　个人职业生涯规划管理

"你今天站在哪里并不重要，但是，你下一步迈向哪里却很重要。"类似《终极求职信》这样的书，会提供专业化的写作建议，再加上那些人才职业生涯规划教练一对一的咨询辅导，可以助力你开启你的面试录用之门。

俗话说："志不立，天下无可成之事。"个人规划职业生涯，首先要确立人生志向，抱着对人生取得更大发展的期望，评估包括自己的兴趣、特长、性格、学识，以及沟通协调、组织管理等活动的能力，抓住从事某个行业、某个岗位的锻炼机会，制定行动方案与实施计划，并在主业卓越的基础之上，发展副业，或者说像经营一家企业一样把自己练成一个"斜杠青年""三能人才"，主业保底，副业赚钱，长足发展。

一个人的人生就像一本书，出生是封面，归去是封底，中间内页除了学习和生活之外就是职业生涯历程，所谓好与坏的内容如何全要靠自己填上。

2.2 按五个方向规划职业生涯

2.2.1 岗位技术方向

几乎每个企业都会设置技术岗位，需要技术人员的支持。比如，生产制造型企业，需要现场生产控制和工艺流程方面的技术人才；IT等高科技企业，需要软件研发和设备维护的硬件工程师；房地产、建筑工程领域的企业，需要建造师、土木工程师和施工技术人员。此外，不论是国企、民营公司还是外资公司，都需要大量的基础技术工人。

热衷于在岗位技术方向发展的人往往不愿意选择那些带有管理性质的职业，甚至不善于与人打交道。他们总是倾向于选择那些能够保证自己在既定的技术或功能领域中不断发展的职业。具备技术性能力的员工的价值观是更愿意从事以某种特殊技能为核心的挑战性工作，如技术性职员、工程师等职业。

有新闻报道称，由于高新技术类岗位对求职者技术能力及学历要求较高，2018年最为紧缺的十大岗位，技术岗占80%，比如，算法工程师、数据架构师、数据开发师等，以及与人工智能、AI、区块链等新兴技术有关的技术岗位。

互联网技术岗位，包括前端开发工程师，后端开发工程师，移动端开发工程师，大数据岗位，项目管理岗位（包括软件项目经理、敏捷教练等），测试岗位，运维工程师，技术管理（包括技术经理、技术总监、CTO等）等八大领域。其中，大数据岗位具体包括七类人员，如图2-5所示。

脉脉发布的《人才吸引力报告2020》显示，2020年数字经济十大高薪岗位包括架构师、算法、数据安全、风控开发、游戏制作人、云计算研发、音视频开发、数据分析、数据开发、游戏特效美术，基本被程序员霸榜。

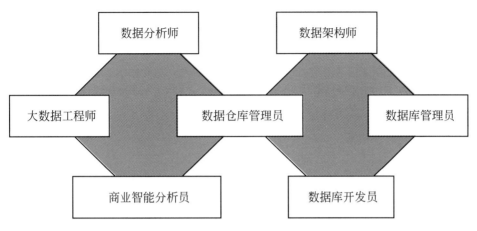

图 2-5 大数据岗位七类人员

那么，到底哪些人从事技术岗位的幸福感会更高，在不断提升技术水平的同时还能热爱该岗位呢？他们要爱技术，能沉下心来钻研高、精、尖技术，不断地学习新的技术；他们要实事求是，脚踏实地，不会在工作中弄虚作假；他们要工作认真，想问题周到全面，解决问题很彻底；他们要耐心细致，解答问题不急不躁，懂得合作，具备良好的团队精神。岗位技术方向的职业具有三个明显的特点，如图 2-6 所示。

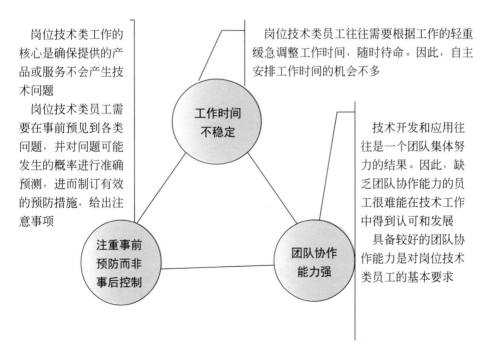

图 2-6 岗位技术方向职业的特点

当然，在某些行业和企业中，技术人员的地位是非常高的。比如，微软、诺基亚、华为等所在的IT行业，技术的支持和研发的速度，是企业利润增长的最主要来源。在这些行业中，技术研发部门就是企业的主战场。还有一些国企和政府部门，也非常重视科学和技术工作。比如，一些市政园林部门，就设有总工程师、副总工程师等技术职位，其中总工程师的职务具有较高行政级别，在这种氛围影响下，技术岗位人才和行政领导同样受人尊敬。

另外，做技术型销售和服务技术工作的领域也比较广泛。如果感觉从事纯技术工作的发展潜力不是太大，那么可以考虑转向做销售或技术支持方面的工作。比如，华为、中兴等通信技术公司的销售人员，基本都具有专业技术背景；而甲骨文等软件巨头的市场推广，第一步常常是从销售工程师拜访客户开始的。这类高价值、高科技的产品销售推广，非常需要具有丰富技术经验的销售人员。所以，技术人员转向售后或技术服务，也是有前途的。

2.2.2 晋级管理方向

有些人从小就表现出领导的才能或指挥的天赋，有些员工在工作中常常展露成为管理人员的强烈动机。这类人的职业经历使得他们相信自己具备被提升到那些管理性职位上所需要的各种必要的能力、领导魅力，以及向管理要效益的决心。承担较高责任的管理职能、带领一群人干点儿事是这些人的目标，他们的职业发展很适宜向管理方向规划。

各级别管理类人员的目标通常以追求某一单位的高职位为核心，他们沿着一个单位的权力阶梯逐步攀升，直到全面执掌权力的高位，如企业总裁、副总、总监等是其职业的目标。

2.2.3 职务创造方向

从事创造性职业的人通常有"创想""创意""创新""创业""创作""创立"等需要，他们或者建立某种完全属于自己的领域、空间，或者生产一件以自己的名字命名的产品、工艺、程序，或者开设一家他们自己的公司或获得一批反映他们成就的个人财富。再明确一些，比如，拥有自己的专利、公开发表的论文、署名出版的专著等。这种人沉浸在一次又一次新的冒险中，享受一个又一个新的挑战。

当然，其中大部分人是利用组织的资源和平台基于职务进行创造，这类人群职业生涯规划的核心是围绕着某种创造性努力而展开的。这种努力的结果是他们创造了新的产品，梳理了新的服务流程，设计了新的业务模式，或者产生了新的职务发明，或者开拓建立了一个新的事业部门等。对于这类人来说，重复、机械式的工作内容，完全不能引起他们的兴致，而且还会产生厌倦，他们通常会通过跳槽或职位变动，或自己开创新的天地来改变现状。

比较典型的代表人物是史蒂夫·乔布斯，也就是那些"善于创造的人""疯狂的人""死了还影响世界的人"。职务创造方向的人群特征可以从方方面面体现出来，如表2-1所示。

表2-1 职务创造方向规划的人群特征

关键词	事件或项目	具体描述
疯狂、改变	1997年，苹果"非同凡想"广告	"那些疯狂到以为自己能够改变世界的人，才能真正改变世界"
技术、发明	史蒂夫·乔布斯和斯蒂芬·沃兹尼亚克合作创立苹果电脑	"沃兹和我学会了怎样合作，我们也获得了信心，相信自己可以解决技术问题并且真的把一些发明投入生产" 沃兹尼亚克是个文雅的天才，创造出一项很酷的发明，乔布斯会想出让这个发明方便易用的方法，然后把它包装起来，推向市场，赚上一笔
赞美"狂人"	歌曲、诗、录音	席尔（Seal）的歌曲《疯狂》：若不疯狂，便会灭亡…… 美国诗人罗伯特·弗罗斯特的《未选之路》 罗宾·威廉姆斯在《死亡诗社》的录音
改变	乔布斯重返苹果公司之后	之前他是那样桀骜不驯，世间的条条框框似乎在他身上毫无约束作用，后来他成了一个经理人，而非之前的身份——高管或架构师
管理	乔布斯重返苹果公司之后	他的管理准则是"专注"。他取消了多余的生产线，放下了对产品制造过程的控制欲，从电路板到成品计算机的制造全部外包，把库存期缩短为一个月等

2.2.4 职业安全方向

追求职业安全方向的人群极为重视长期的职业稳定性和工作的保障性，以及"柴米油盐酱醋茶"的全方位福利待遇。追求安全型职业的人群，其职业生涯的核心是寻求组织机构中安稳的职位。这种职位能长期就业，有稳定的前途，能够使个人达到一定的经济地位从而充裕地供养家庭。很多时候，我们可能将其等同于"铁饭碗""吃公家饭""体制内"，或者是说国家公务员、国企（央企）等组织或企业中的职位。

职场是大学的出口，职场是社会人聚焦的地方，工作占用了一个人一生中最好的那二三十年的黄金时段，而机器对职业饭碗的侵占势必然冲击高等教育、组织发展和个人成长。不掌握一些机器无法替代的能力，饭碗迟早会丢掉。

从职业安全的角度考量，你还会选择那些正在或迟早被机器和人工智能所替代的职业吗？具体职业，如表2-2所示。

表 2-2　一些职业被机器和人工智能所替代的可能性

对标职业	替代可能性	延伸分析与展望
会计和金融专业	《泰晤士高等教育》最近的一个分析报告揭示：会计和金融专业的学生，未来工作被电脑和机器人取代的风险最高	有意思的是，这两个专业在中国的大学属于热门专业
执业医生	医生则安全得多，执业医生被替代的可能性只有2%	其他相关职业，如科学家、健康服务经理也能抵抗机器的取代
体育科学和生物学的工作	体育科学和生物学及其相关的工作，不大可能被机器取代	与健康相关的职业通常被机器取代的可能性都较低
打字员、办事员、管理员	呼叫中心销售员和接待员等被机器替代的可能性非常大	被机器取代风险最高的通常是低技能、可以"熟能生巧"的职业
医生和律师、围棋手	也有不同的观点认为即使是相对高技能、拼智力的职业，如医生和律师，也有可能被越来越有能力的机器所取代	比如，人工智能程序AlphaGo战胜了九段棋手李世石

2.2.5　自由职业方向

你也经常被"中国最幸福职业排行榜""考上公务员，你就幸福了吗？""最具幸福感职业调查：自由职业者居榜首"这样的新闻刷屏吗？

这样的报道屡见不鲜：最大的幸福是自由！什么样的工作既能确保自己收入满意，又有一定自由支配的时间呢？登上职业幸福感"顶峰"的就是自由职业者。自由职业者摆脱了企业与公司的制辖，自己管理自己。

为什么自由职业者能排第一呢？因为，在时间方面，自由职业者可免去日常奔波的劳碌，同时，还免去了人际关系的摩擦。据《2014年O2O自由职业者分析报告》显示，其中几个热门的自由职业的月薪超过一般人的预期，比如，汽车评估师的平均月薪甚至达到了16632元，按摩师的月平均薪资达到了12244元，足疗师达到了9823元，美甲师达到了8014元。

那么，除了薪酬之外，自由职业者为什么会选择自由职业呢？《自由职业者生存发展报告（2019）》给了我们答案："自由支配时间"成了最多人选择的选项（56.2%），另外，"有一技之长"（43.8%）、"人际关系较为简单"（42.3%）、"工作场所自由"（41.8%）以及"不用看老板脸色"（41.3%）分列2～5位。针对"您有什么样的职业技能特长"这样的问题，选择最多的三项分别为"音乐艺术"（43.8%）、"美术"(43.4%)和"文案"(38.4%),且有72.6%的人拥有一项以上的技能,拥有两项以上技能的人占39.8%。同时,该报告称,大部分受访者表示他们从事自由职业之后工作和生活得更规律、轻松和自由。

可以说,从事自由职业方向的人群寻求事业的自由和决策的自主,这是其职业生涯规划的核心。他们希望能够自己安排自己的时间,能够按照自己的意愿安排工作和生活方式。他们最可能离开常规性的企业或其他组织,最可能自己创业,即使是当一个个体工商户。

自由职业者也有着强烈的技术导向或功能驱使,但是他们却不是像持有多个职业资格证书或者技术/功能型职业锚的人那样,非得到一个企业中去追求事业的成功,而是会成为一位咨询专家,要么是开个工作室自己独立工作,要么是开个夫妻店,要么是作为一个小微企业中的合伙人和几个同学或朋友一块儿干,或者成为自由讲师、自由撰稿人或小型零售公司的店长兼店员等,如图2-7所示。

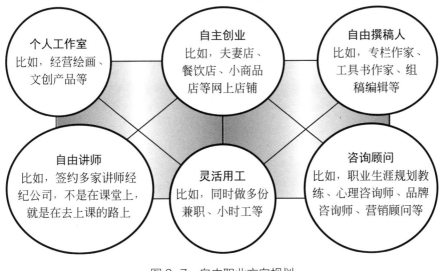

图2-7 自由职业方向规划

2.3 如何对接企业人力资源管理模块

企业没有职业生涯规划部门,企业职业生涯规划管理也不是独立的一项业务,设计职业生涯规划管理系统不可能脱离企业人力资源管理的几个重要模块。要设计适用、有效的职业生涯规划管理系统，就必须对接好素质测评、绩效考评、内部竞聘、岗位轮换、继任计划和潜能开发等人力资源管理模块。

2.3.1 职业生涯规划与人才素质测评

人才素质测评是建立在心理学、行为科学、管理学、计算机技术等基础上的一种科学的综合选才体系，是对人才的素质进行综合测量和评价。"测评"包括"测"与"评"两个方面。"测"指的是运用适当的工具，对人的各项能力素质进行量化的分析，也称测量；"评"指的是以一定的量化指标为依据，对人的能力素质进行定性的评价。如果不进行专业的人才测评，组织和个人就不能更加全面和准确地了解个体的专业知识、技术能力和职业素质。只有基于人才测评的参考，才能够在职业生涯规划的过程中增加成功的概率。

2.3.1.1 人才素质测评的四项内容

一般而言，组织进行人才素质测评的主要内容，包括生理素质测评、心理素质测评、知识素质测评以及职业能力测评等，具体内容如表2-3所示。

表2-3 人才素质测评的四项内容

素质测评内容	具体分类与基本方法
生理素质测评	主要指的是对体质、体力及精力的测评，多数以医学仪器设备检测为主。但有些生理素质测评，也可运用观察、自评、笔试等方式来完成
心理素质测评	主要是对个体心理特征及其倾向性的测评。心理素质主要包括人格特质、职业兴趣、职业素养，这三个方面共同构成个人内在的精神动力，调节和控制着人员能力的发挥。心理素质测评方法主要包括结构化面试、笔试、卡特尔16种人格因素问卷、艾森克人格测试问卷和投射技术，以及霍兰德职业兴趣与价值观测评等心理测试
知识素质测评	主要是对被测人员已经掌握的知识的测评，包括测评对知识掌握的深度、广度和灵活运用的程度
职业能力测评	主要指个人对某类职业或工作所持态度的测评。采用面试、评价中心技术等方法对被测评者的胜任能力进行考察

2.3.1.2 人才素质测评的类型

划分的角度不同，人才素质测评的类型也不同。以测评的结果为划分标准，可以划分为分数测评、评语测评、等级测评以及符号测评等；以测评活动的性质为划分标准，可以划分为动态测评与静态测评等；如果以测评目的为划分标准，可以将人才素质测评划分为选拔性测评、安置性测评、考核性测评以及诊断性测评，如图2-8所示。

图2-8 人才素质测评的四种类型（以测评目的为标准划分）

2.3.1.3 人才素质测评的十种方法

在人才素质测评的实际应用过程中，往往需要借助科学的方法对被测者的各项素质进行测评。人才素质测评常用的测评方法，具体如表2-4所示。

表2-4 人才素质测评的十种方法

测评方法	主要含义	使用说明
纸笔测试	试题类型主要有单项选择题、多项选择题、是非题、匹配题、填空题、简答题和小论文七种	适用于大规模招聘时对员工的集中测评
自陈量表法	① 通过构建一个标准，对测评者进行测试 ② 常见的是韦克斯勒智力测验量表	适用于专业类岗位的测评
投射测试	① 让被测评者通过一定的媒介构建一定的场景 ② 测评者通过被测评者对场景的描述去分析被测评者的个性特征	适用于所有岗位的测评

续表

测评方法	主要含义	使用说明
联想技术	① 测评者给被测评者某些刺激，观察被测评者对刺激的反应 ② 测评者根据被测评者对某刺激做出的反应，分析被测评者的特征 ③ 常用的有墨渍投射测验，各种字词的联想测验	适用于对技术类岗位的测评
构成技术	① 根据被测评者对一个或一组图形或文字材料构建的故事，分析被测评者的个性特征 ② 常见的有主题视觉测验、麦克莱兰的成就测验和宗教信仰测验	适用于对信息管理类岗位的测评
语句完成法	根据被测评者对一些没有完成的句子的补充内容，分析其个性特征。例如，我觉得合理的薪酬结构应该是……	主要用来测评被测评者的真实想法
排序技术	根据被测评者对一组目标、愿望、需要等按照某种标准进行的排序，了解被测评者的个性特征	主要用来测评价值观、成就动机和态度
表现技术	① 模拟生活中的某种场景，让被测评者参与其中，观察其工作方式和与人相处的技巧，分析被测评者的个性特征 ② 主要是察看他们的需要、愿望、情绪或动机 ③ 比较常用的方法有做游戏、角色扮演或者完成某件作品	适用于测评专业知识和专业技能，或用于对专业技能要求较高岗位的测评
个案分析技术	设计与岗位相关的典型案例，让被测评者对案例里面的现象和问题做出某种判断和决策，以此来分析被测评者的个性特征	适用于管理类岗位或对沟通、协调能力要求较高岗位的测评
仪器测量法	① 通过科学仪器对被测评者进行测评，以了解被测评者的心理活动 ② 常用的仪器有多导仪、眼动仪和动作稳定仪三种	主要用来测评被测者的兴趣、动机和技能

2.3.2 职业生涯规划与绩效考评

从职业生涯管理的角度来看，绩效考评是有效手段。对于组织而言，绩效考评的结果是职务晋升、岗位调整与轮换、培训与开发的主要依据；对于个人而言，绩效考评的结果是自我认知的主要途径，也是个人制定适合自己的职业生涯发展目标的基础和前提。

绩效管理是事前计划、事中管理及事后考评的封闭系统，绩效考评是绩效管理中的一个重要组成部分，有效的绩效考评能够支撑整个绩效管理流程有效展开。

2.3.2.1 不同类别人员的考评方法不同

不同类别的人员,其绩效管理方法也不同。一般而言,企业应根据不同岗位人员的工作职责、岗位特点、任务性质的不同,对其进行分类考评,如表2-5所示。

表2-5 针对不同类别人员的考评方法与说明

人员类别	岗位特点	考评方法
管理人员	主要承担计划、组织、领导、控制职责,从事规划、策划、决策等工作,工作具体内容不易描述	结合管理人员考评五大要素(德、能、勤、绩、廉),并有效运用指标量化的方法,实现定性与定量相结合
职能人员	承担指导、监督、督促执行、辅助、支持等职责,从事某方面的职能管理工作,不具备或不完全具备独立管理职责	行为考评为主,结果考评为辅 外部评价为主,内部评价为辅 产出评估为主,价值评价为辅
技术人员	承担技术研发、设计等工作职责,对产品设计、技术研发、技术改进等工作承担责任,其工作内容具有一定的技术含量	技术部门、小组和人员的考评指标紧密联系,具体指标应自上而下进行分解,形成系统性的考评指标体系
营销人员	专业从事销售或市场开拓等工作,对企业市场开发、销售业绩承担直接责任	考评指标分为增长指标、利润指标、客户满意度和忠诚度指标、销售人才指标、团队建设指标、成长和发展指标等
生产操作人员	从事生产操作、一线执行工作,其岗位技能专业化程度较高,工作内容具有机械性、重复性,对创造力的要求较低	结果考评为主,行为考评为辅 外部评价为主,内部评价为辅

2.3.2.2 绩效考核量表法的具体应用

绩效考核量表法在绩效评价方法中应用最为普遍。它的基本操作方法是列出一些为完成绩效所需要的特质,构成考核量表的绩效维度,然后给各个维度分级,一般分为五个等级或七个等级,具体如表2-6所示。

表2-6 绩效考核量表范例

绩效维度	绩效等级				
	最差:1分	差:2分	中:3分	良:4分	优:5分
工作能力					
工作表现					
个人品质					

绩效考核量表评估的程序针对每一位员工，按照各个绩效维度，为其选择最合适的等级分数，然后将其得到的各个维度的分值相加，得到的最终分数就是其绩效评估结果。绩效考核量表的评估结果一般是"优秀""符合标准""中等"等词语。

2.3.2.3 针对四种类型员工考评结果的反馈策略

在反馈考核结果时，应根据员工类型的不同，采取不同的反馈策略，如图2-9所示。

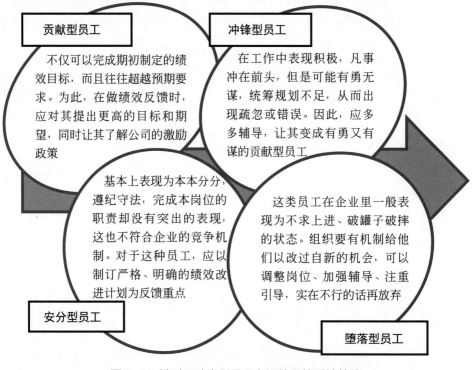

图2-9 针对四种类型员工考评结果的反馈策略

2.3.3 职业生涯规划与内部竞聘

内部竞聘是给老员工的一种最直接、最大化的激励方式。内部有机会为什么非得跳槽呢？内部竞聘机制也间接打破了"不离职跳槽就不涨工资不晋级"的魔咒。

通过公开、公正、公平的内部竞争原则，选拔出佼佼者，使一批更熟悉公司文化的内部人才成功突围，让他们的职业生涯发展和组织的发展计划更有机地结合在一起。

2.3.3.1 内部竞聘的三项原则

内部竞聘的三项原则,如图2-10所示。

图 2-10　内部竞聘的三项原则

2.3.3.2 内部竞聘体系的四个基本构成要素

内部竞聘体系的构成包括四个基本要素,如图2-11所示。

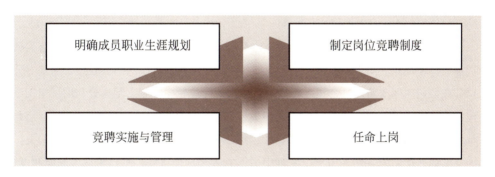

图 2-11　内部竞聘体系的四个基本构成要素

2.3.3.3 内部竞聘的组织工作流程

(1)第一步:发布招聘公告

人力资源部根据招聘岗位和方案,拟订内部招聘公告,经领导核准后公开向公司内部发布，发布的方式主要有公司网站、职位公告栏、内部招聘文件等。

（2）第二步：适格人员选拔

① 人力资源部面向全体员工收集应聘资料，并根据岗位分类汇总。

② 人力资源部根据职位说明书及其他相关要求对应聘者的资料进行初步筛选，向初步筛选合格者发布面试通知。

③ 竞聘小组对竞聘人员进行综合评审，填写内部竞聘评分表。

（3）第三步：人才录用公示

① 竞聘小组根据综合评审结果，拟定录取人员名单，呈报总经理审批。

② 录取人员名单经总经理审批后，人力资源部将其在公司内部进行公示。

③ 公示期间若无异议，则由人力资源部向录用者发放录用通知。

（4）第四步：办理调动手续

录用人员在收到录用通知一周内做好工作交接，并到人力资源部办理调动手续，在规定时间内到调入部门报到。

2.3.4　职业生涯规划与岗位轮换

岗位轮换是组织内部有计划、定期的人员岗位调整模式，不仅可以为员工提供提高多项技术能力的机会，还可以较全面地观察和了解组织生产经营的全过程。针对大学应届毕业生的岗位轮换一般为1~3年，三个甚至更多的部门或岗位；针对老员工的岗位轮换基本上也是为了岗位匹配。

轮岗制现已成为企业培养人才的一种有效方式。很多大型的高科技企业和著名外企都实行轮岗制，华为、西门子、爱立信、柯达、海尔、北电网络、联想、明基等公司都在公司内部或跨国分公司之间进行了成功的岗位轮换。轮岗制充分利用了组织结构的优势，能够培养具备跨行业、跨专业、跨企业、跨文化的管理能力，以及经营、管理经验丰富的人才，为企业的可持续快速发展奠定了智力、能力和素质基础。

比如，华为为了在人力资源管理中引入竞争和选择机制，专门建立了轮岗制度，为员工提供了职业发展的空间，为企业留住了优秀人才。华为在公司内部建立了一个劳动力市场，以促进人才的合理流动，通过岗位轮换实现人力资源的合理配置和潜力激活。华为还明确规定，高中层管理者必须强制轮换岗位。

对于组织而言，岗位轮换不仅可以培养出大批优秀的复合型人才，而且成本较低、风险较小。对于企业员工来说，岗位轮换是职业生涯规划的有效方式，通过岗位轮换，成员可以找到适合自己发展的位置，激发潜能，提升自身价值。

2.3.4.1　岗位轮换的三项原则

企业安排员工进行岗位轮换时，必须遵循以下三项原则：
① 有利于提高员工的综合能力，做到量才适用；
② 符合集团的整体发展战略、人力资源发展规划和员工职业生涯发展的要求；
③ 岗位轮换应建立在年终考核结果的基础上。

2.3.4.2　需要轮换的两类员工

① 在采购、广告、财务、人事、行政、劳资、资金结算以及外协等敏感、关键岗位工作满三年的员工。
② 大学本科以上，有一定的专业技术知识和管理经验，有较强的上进心和事业心，有较大发展潜力的员工，后备管理者优先。

2.3.4.3　岗位轮换实施与考核的八个重点

① 进行岗位轮换的员工由所在单位的人力资源部建立员工岗位轮换登记卡，记录员工的基本情况、优缺点、轮换期间的工作表现、培训情况，并由人力资源部专人负责保管。

② 集团部门员工的岗位轮换由人力资源管理中心建立员工岗位轮换登记卡，记录员工的基本情况、优缺点、轮换期间的工作表现、培训情况，并由人力资源管理中心专人负责保管。

③ 集团部门、各经营单位必须密切配合岗位轮换工作，指定专人负责对轮换人员进行工作指导及考核。在符合岗位轮换原则的基础上，不得以任何理由推脱、拒绝。

④ 参加岗位轮换的员工必须遵守新单位的工作纪律，服从单位的领导，接受考核，考核结果记录在员工岗位轮换登记卡内，作为奖惩、培训、晋升、轮换的依据。

⑤ 对轮换人员在新岗位的考核每半年进行一次，主要考核其工作态度、工作能力、发展潜力、工作绩效。其直接上级主管对其考核结果负责，考核结果报人力资源管理中心备案。

⑥ 每次考核结束后，各经营单位的人力资源部会同轮岗员工进行面谈，评价其优点与不足，并商讨改进方案、提出培训建议。

⑦ 对连续两次考核结果为"较差"或"差"的员工，可根据所在单位意见，安排其调岗、培训或降职。

⑧ 集团总部及各经营单位应积极对轮岗对象进行有针对性的培训，提高其各方面的素质，以适应新岗位的要求，培训结果记录在员工岗位轮换登记卡上。

2.3.5 职业生涯规划与继任计划

继任计划也称为接班人计划，是组织为了保障其内部重要岗位和关键岗位有一批优秀的人才能够继任而采取的相应的职业生涯规划、人才开发、培训、晋升与管理方面的制度与措施，尤其针对部门负责人、技术工程师、项目总监、研发总监及VP等岗位。

继任计划是发现并追踪具有高潜质的真正人才的途径。这是为了匹配首席执行官（CEO）、副总裁、职能部门和业务部门的高层经理等职位，寻找并确认具有卓越胜任能力的人员，为组织储备核心的人力资本。

继任计划管理能够满足组织未来对人才资源的需求并对现有资源进行优化调整。同时，帮助员工规划职业生涯发展的道路，有助于组织吸引、留住优秀人才。还为组织的关键成员设定更高的目标，以留住优秀人才，确保重要岗位都有称职的人可以继任。确保组织内部有一批训练有素、经验丰富、善于自我激励的优秀人才接任未来的重要岗位。

继任计划主要有组织内生模式和外部引进模式两种。组织内生模式包括师徒接替、从优秀成员中培养提拔等。外部引进模式包括引进富有经验的职业经理人等。两种模式各有其优点和适用条件，如表2-7所示。

表2-7 继任计划的两种模式

模式	优点	适用条件
组织内生模式	① 内生的继任者能够保持企业战略连续性 ② 对所在行业和企业有深刻的理解和运作能力 ③ 组织自己培养的或企业中具有师徒纽带的继任者对组织忠诚度较高 ④ 由于具备足够的人际资源，组织内生的继任者更容易在企业内部开展工作	① 组织所在行业变化较为缓慢，发展平稳，且在行业内具备领先地位 ② 组织发展战略明确，内部各层级对于战略目标及计划有深刻的了解和认同 ③ 组织具备较为成熟的人才储备和培养机制，内部人才资源较为丰富
外部引进模式	① 由于外部继任者多为本行业经验丰富的专家，综合能力、经验可能比组织内生继任者更强、更多 ② 可能具备内生继任者所不具备的特殊能力 ③ 引进继任者会带来全新的视角，受组织内部各种错综复杂人际关系的束缚更少，具备更大的勇气和魄力进行改革	① 出现行业性整合 ② 组织出现重大危机 ③ 经营活动发生巨大变化

2.3.6 职业生涯规划与潜能开发

研究表明，人类的大脑是一个无限的智能资源结合体，我们要充分重视人脑资源，科学合理地进行开发与利用。《教育与人潜能的开发》一文中指出，人的潜能包括智力潜能、情绪潜能、个人潜能、社会潜能、身体潜能、感觉潜能、语言潜能、自省潜能和空间潜能。每一种潜能对于个体来讲都隐藏着巨大的能量，等待着组织和个人去挖掘。

在职业生涯规划过程中，个人潜能的开发受到环境、组织、信息或个人、科技进步等多种因素的影响，其中最重要的是个人因素。个人因素主要包括职业倾向、个人能力、职业锚和人生阶段四个方面，如表2-8所示。

表2-8 影响个人潜能开发的四个个人因素

个人因素	包含项目	具体内容
职业倾向	技能倾向	具有技能倾向的人适合从事那些包含体力活动并且需要一定技术、力量和协调性才能承担的职业，如机械师、烹饪师等
	研究倾向	具有这种倾向的人适合从事那些包含较多认知活动（思考、组织、理解等）的职业，如医师、教授、科学家等，而不是那些以感知活动为主要内容的职业
	社交倾向	具有这种倾向的人适合从事那些包含大量人际交往内容的职业。他们希望身边有别人存在，对别人的事情感兴趣，乐于助人，如社会工作者、外交人员等
	事务倾向	具有这种倾向的人适合从事那些包含大量结构性的且规则较为固定的活动的职业。在这些职业中，雇员需要服务于组织的需要
	经营倾向	这类人士喜欢从事那些通过语言活动影响他人的职业，如管理人员、律师、推销员、公关人员等
	艺术倾向	这类人士善于从事那些包含大量自我表现、艺术创造、情感表达以及个性化活动的职业，如艺术家、广告制作者及音乐家等
个人能力	体能	即生理素质，指健康、强壮程度对劳动负荷的承受能力和疲劳消除能力
	心理素质	指人的心理成熟程度，表现为对压力、挫折、困难等的承受能力
	智能	智能主要包括智力、知识和技能三个方面。智力又包括观察力、理解力、思维判断力、记忆力、想象力和创造力等；知识是指员工通过学习、实践等活动所获得的理论与经验等；技能是指员工在智力、知识的支配和指导下利用物体和信息资源的能力

续表

个人因素	包含项目	具体内容
职业锚	技术型	职业发展围绕自己擅长的、特别的技术能力或特定的职能工作能力而发展
	管理型	职业发展沿着组织的权力阶梯逐步攀升，直到担负全面管理的职位
	创造型	职业发展围绕创造性而努力，如创出新产品、新服务、新发明或新事业
	独立型	喜欢自主决定自己的命运，希望自主决定自己的时间、生活方式和工作方式
	安全型	这类人极为重视职业稳定性和工作保障性，喜欢在熟悉的环境中进行工作
人生阶段	五个阶段	包括成长阶段、探索阶段、确立阶段、维持阶段和下降阶段，不同阶段职业发展的重点和内容不同

培训的主要方法包括讲授法、研讨法、视听法、角色扮演法、案例分析法、户外拓展法以及游戏模仿法等，如表2-9所示。

表2-9 培训的七类方法

培训实施方法	优点	不足
讲授法	信息量丰富，应用条件宽松，能够全面表达内容	内容较多，员工不易消化，与员工之间的互动交流机会不够，容易枯燥
研讨法	参与性较强，能够加深认识和理解，帮助解决实际问题	容易离题，对主持者要求较高，培训师讲授的机会较少
视听法	形象生动，有示范作用，容易模仿，容易记忆和感受	制作难度大，对讲师点评的要求较高
角色扮演法	增强印象，调动员工的参与热情，活跃气氛，便于组织者及时发现员工对知识技能的掌握程度并做出有效指导	需要耗费大量的时间和精力来进行排练，可能导致角色扮演人员热衷于扮演，而忽视了对所学知识和技能的运用
案例分析法	将抽象的理论与现实的问题联系起来，能够帮助员工深入认识，把握和分析问题，提高对理论知识的综合运用能力	需要参与的员工具备一定的知识前提，很难根据课程内容选择最为恰当的案例，自编案例会花费大量的时间
户外拓展法	激发员工兴趣，训练效果好	培训成本（包括时间成本和费用成本等）较高，存在一定的危险因素
游戏模仿法	活跃气氛，激发员工参与兴趣，寓教于乐	较难掌控，对场地的要求较高，占用时间较多，同课程主题连接不密切

第3章
职业生涯的测量评估与决策

3.1 人才素质测量指标与方法体系

观察角度不同，对职业选择的看法也就不同。

我们在选职业的同时，职业也在选我们。不同岗位要求的人才素质不同。你知道管理人员、技术人员、生产人员、营销人员或财务人员等这些常见岗位的人才素质要求吗？构建各类人才的素质测量指标，明确测评的方法，是评估职业生涯的前提，有助于做出正确的职业生涯决策。

3.1.1 对标范例：管理人员素质测量指标与方法

3.1.1.1 范例：××公司副总经理素质测量指标体系

××公司副总经理素质测量指标体系，如表3-1所示。

表3-1 ××公司副总经理素质测量指标体系

测评要素			测评标准
一级指标（权重）	二级指标（权重）	三级指标（权重）	
个人内在能力（30%）	个性品质（10%）	诚信正直（2%）	言行一致、信任他人、平等待人，建立道德标准并能严格遵守
		自信心（2%）	知道自己的优点和局限性，在必要时能坚持自己的观点
		成就动机（2%）	对成功、个人成就有强烈的渴望，展现出充沛的精力
		适应能力（4%）	能够持续学习和接受变化，寻找机会增长知识、开阔眼界，愿意接受并吸取别人的意见，愿意超越自我
	逻辑思维能力（10%）		能根据多种信息来源做出结论，看问题深入透彻，能通过对过去事件的分析做出比较
	改革创新能力（10%）		① 预见组织需要改革，创造新的规范，倡导各项战略变革 ② 创造、支持、奖励前瞻性思考和风险意识

续表

测评要素			测评标准
一级指标（权重）	二级指标（权重）	三级指标（权重）	
人际沟通能力(30%)	个人影响力（15%）		① 向员工灌输成功理念，营造良好的、积极向上的组织氛围 ② 在组织主要战略上，能够获得并保持管理层的支持 ③ 适当放权，促进员工取得进步并适当给予表扬
	沟通技能（15%）		① 有亲和力，使自己的个人沟通风格适应各种关系 ② 通过有效的沟通，影响、促进组织目标的实现
组织管理能力(40%)	业务组织能力（8%）		能够确定战略经营方向，创造内部、外部环境
	目标管理能力（6%）		① 能够制定组织的战略目标、长期目标与短期目标 ② 能够很好地制定并实现自己的工作目标
	团队建设能力（8%）		① 创建团队、形成团队互动 ② 倡导追求不断进步的高绩效团队
	果断决策能力（10%）		根据具体情况运用合适的方法，能够平衡短期与长期目标，做出明智的决策
	危机应变及处理能力（8%）		特殊场合应变能力强，能看好时机，采取乐观、积极、向上的态度和平静的心态去解决问题

3.1.1.2 管理人员素质测评方法的设计

管理人员素质测评方法汇总表，如表3-2所示。

表3-2 管理人员素质测评方法汇总表

测评要素		测评方法
一级指标	二级指标	
组织管理能力	果断决策能力	心理测试（16PF 测评量表）、评价中心技术（侧重管理技能）
	冲突解决能力	评价中心技术（侧重操作技能）、心理测试（DISC 个性测评量表）
	团体建设能力	评价中心技术（侧重操作技能）
	计划能力	心理测试（16PF 测评量表）、评价中心技术（侧重管理技能）

续表

测评要素		测评方法
一级指标	二级指标	
人际沟通能力	合作沟通技巧	心理测试（16PF 测评量表）、评价中心技术（侧重管理技能）
	人际敏感性	心理测试（16PF 测评量表）、评价中心技术
	人际关系处理能力	心理测试（16PF 测评量表）、评价中心技术（侧重管理技能）
	领导能力	评价中心技术（侧重管理技能与业务）
个人内在能力	身体健康状况	医疗仪器测量、健康档案分析、心理测试（投射测试）
	性格品质	心理测试（16PF 测评量表）
	知识水平	笔试（成就测试）、结构化面试、评价中心技术（侧重管理技能）
	一般能力	韦克斯勒成人智力量表、心理测试（一般能力倾向测评量表）
	职业性向	心理测试（霍兰德职业兴趣与价值观测评量表）
	创新能力	心理测试（威廉斯创造力倾向测评量表）
	思维分析能力	结构化面试、心理测试（16PF 测评量表）

3.1.2　对标范例：技术人员素质测量指标与方法

3.1.2.1　范例：××公司产品开发工程师素质测量指标体系

××公司产品开发工程师素质测量指标体系，如表3-3所示。

表3-3　××公司产品开发工程师素质测量指标体系

测评维度（权重/%）	测量指标	权重/%	测评维度（权重/%）	测量指标	权重/%
知识经验（10）	专业技术知识	5	专业能力（49）	创新开拓能力	14
	工作经验	5		团队合作能力	8
性格（18）	内外向性	9		指导教练能力	7
	成长适应能力	9		自信决断能力	6
专业能力（23）	分析思维能力	8		学习进取能力	8
	专业应用能力	15		信息敏感性	6

3.1.2.2　技术人员素质测评方法的设计

技术人员素质测评方法汇总表，如表3-4所示。

表3-4　技术人员素质测评方法汇总表

测评要素		测评方法
生理心理素质	体质、精力	书面信息分析、体检（体检表）
	职业兴趣	面谈、心理测试（霍兰德职业兴趣与价值观测评量表等）
	职业素质	面谈（结构化面谈提纲等），笔试（笔试试卷等）
	人格特质	面谈、书面信息分析、心理测试（卡特尔16种人格因素问卷等）
知识素质	专业知识	面试（面试提纲）、笔试（知识测评试卷）
	基础知识	
技能/能力	智力	面谈、心理测试（智力测评量表等）
	创造力	面谈、心理测试（威廉斯创造力倾向测评量表等）
	各项技能	面试、笔试、操作测试

3.1.3　对标范例：生产人员素质测量指标与方法

3.1.3.1　范例：××公司工艺工程师素质测量指标体系

××公司工艺工程师素质测量指标体系，如表3-5所示。

表3-5　××公司工艺工程师素质测量指标体系

测评要素		测评标准	重要程度打分
测评维度	测评内容		
专业能力	专业知识	对制造工艺的掌握和运用程度，对相关学科知识的了解程度 运用专业知识制定工艺方案和改进生产工艺的能力	
	专业技能	工艺操作与设计水平、AutoCAD操作水平	
通用素质	独立工作能力	独立性的强弱，需要指导、检查的频次	
	主动学习能力	为提高本职位的胜任水平，主动学习和努力的程度	
	创新能力	创造或引入新思维、新方法对制造工艺的改进能力	
	沟通能力	就产品制造工艺问题与相关人员进行沟通的能力 对车间工人执行工艺情况进行指导和监督的能力	
	职业兴趣	测评对象的性格是否适合做工艺流程类工作	

3.1.3.2 生产人员素质测评方法的设计

生产人员素质测评方法汇总表，如表3-6所示。

表3-6 生产人员素质测评方法汇总表

测评要素	测评内容	测评方法
生理心理素质	体质、体力、精力	书面信息分析法（体检表）
	职业兴趣	心理测试（霍兰德职业兴趣与价值观测评）
	职业素质	笔试，结构化面试
	人格特质	结构化面试
知识素质	生产工具知识和专业知识	成就测试（知识考试试卷）
能力/技能	智力水平（思维能力、思维反应水平）	心理测试（韦克斯勒成人智力量表）
	能力倾向	能力测试（一般能力倾向和机械能力测试）
	生产专业技能	现场操作
	操作技能	现场操作

3.1.4 对标范例：营销人员素质测量指标与方法

3.1.4.1 范例：××公司品牌推广人员素质测量指标体系

××公司品牌推广人员素质测量指标体系，如表3-7所示。

表3-7 ××公司品牌推广人员素质测量指标体系

测评要素		得分	权重/%	测评标准
测评维度	测评内容			
知识素质	知识素质水平			熟练掌握并运用专业知识，广泛了解多学科知识
能力倾向	判断推理能力			思路清晰，能抓住事物的本质特征和联系，对事物间的相互联系能做出正确的分析与判断
	言语理解与表达能力			语言沟通与交流能力强，能准确领会对方的意图，并能将自己的想法用语言准确地表达出来
	综合分析能力			能够对市场现象与规律之间的依存关系进行分析和阐述，并能对这种现象的发展趋势进行预测

3.1.4.2 营销人员素质测评方法的设计

营销人员素质测评方法汇总表,如表3-8所示。

表 3-8 营销人员素质测评方法汇总表

测评要素		测评方法
测评维度	测评内容	
生理素质	体力、精力、外在形象	体检、查阅体检表、面试
心理素质	个性倾向(职业素质、职业兴趣)	投射测试、心理测试(霍兰德职业兴趣与价值观测评量表)
	性格特征	心理测试(艾森克人格测试问卷、卡特尔16种性格因素测量)
知识素质	专业/岗位/生活知识	面试、笔试、文件筐、情境模拟等
技能与能力素质	言语理解与表达能力	心理测试(一般能力倾向测试)
	知觉速度	
	创造能力	心理测试(威廉斯创造力倾向测评量表)
	人际沟通能力	情境面谈、角色扮演、无领导小组讨论
	市场拓展能力	
	商务谈判能力	

3.1.5 对标范例:财务人员素质测量指标与方法

3.1.5.1 范例:××公司财务人员素质测量指标体系

××公司财务人员素质测量指标体系,如表3-9所示。

表 3-9 ××公司财务人员素质测量指标体系

测评要素		财务人员分类	
测评维度	测评内容	基础财务人员	投资融资人员
生理素质	体力	良好的身体素质	
	精力	工作精力充沛,注意力集中	
	外在形象	职业化的形象	

续表

测评要素		财务人员分类	
测评维度	测评内容	基础财务人员	投资融资人员
心理素质	个性特征	较低的乐群性和忧虑性，较高的有恒性和敏感性，一般的敢为性	
	职业兴趣	常规型	
	职业素质	廉洁自律性、团队意识、忠诚度、严谨求实、责任心	成就动机、责任心、敬业精神、自信心、严谨求实、成本意识
知识经验素质	专业知识、公司相关知识、常规性知识	财务专业知识、会计从业经验	财经知识，金融、证券、投融资管理知识
技能与能力素质	人际沟通能力、判断分析能力、会计核算能力等	智力、数字敏感性、自控能力、数字反应能力、理解判断力、书面表达能力、关注细节能力、会计核算能力	智力、数字敏感性、沟通能力、数字反应能力、关注细节能力、财务管理能力、投资分析能力、财务分析能力、预期应变能力

3.1.5.2 财务人员素质测评方法的设计

财务人员素质测评方法汇总表，如表3-10所示。

表3-10 财务人员素质测评方法汇总表

测评维度		测评方法	工具（量表）	素质水平
生理素质		体检表分析	体检表	① 体质：身体健康状况良好，无"器质性"疾病 ② 精力：良好的耐力、较强的承受力
心理素质	个性特征	心理测试	16PF 测评量表	低乐群性（A）、低忧虑性（O）、高有恒性（G）、高敏感性（I）、一般敢为性（H）
	职业兴趣	心理测试	霍兰德职业兴趣测评量表	职业兴趣倾向为常规型（C型得分最高）
	诚信倾向	面试、笔试	诚信倾向问卷	诚实，讲信用
知识素质		笔试	自制测试试卷	财务专业知识达到良好以上的水平
能力/技能		评价中心技术	财务软件操作测试自制测试试卷	财务操作技能必须达到熟练程度

3.2 职业生涯评估

职业生涯评估是个人对自己过往职场经历不断认识的过程，也是对经济社会深度认知的过程，同时，还是使职业生涯规划更加有效的方式。针对组织而言，能够长远提升企业员工的能力素质和工作效率，提高产品的数量、质量和服务，使组织获得最大效益和可持续发展能力。

3.2.1 职业生涯评估的四个主体

职业生涯评估的四个主体，包括个人、组织、内外环境和信息数据。其中，个人作为评估主体应该占据优先和主动的位置，如图3-1所示。

个人
职业生涯评估是从个人对自身的能力、兴趣、职业生涯诉求及其目标的评估开始的。重点是分析自身优劣势，特别是性格、兴趣、特长、需求和能力。通过自我评估，对自身情况和职业生涯目标进行对比，能及时调整职业生涯规划

信息数据
现在是信息爆炸和大数据的时代，职业生涯评估也必须基于足够的信息和准确的大数据，既要看国内外的新闻报道、政府政策和法律法规，又要看具体产业、行业、组织和岗位的信息数据

内外环境
每个人都不可能离开群体团队和社会经济环境，特别是职场环境，内外环境为每个人提供了活动的空间、发展的条件、成功的机遇。如果能很好地了解和利用内外部环境，就能更好地规划设计或调整自身的职业生涯目标。内外环境包括组织环境、社会环境、经济环境等

组织
作为企业的组织对员工的评估是为了确定组织成员的职业生涯目标是否能够实现，通过招聘筛选时获得的信息进行评估，可以采取的方式有能力测试、兴趣爱好、学历和资格证书，以及工作经历、绩效结果和参加培训情况等

图 3-1 职业生涯评估的四个主体

3.2.2 四类基本要素和三类特殊要素

职业生涯评估的四类基本要素，包括性格评估、人格评估、兴趣评估和能力评估，如图3-2所示。

性格评估
主要考查个人与职业相关的性格特点，即"我是怎样的一个人"
比较常用的方法是 MBTI 性格测评，测评结果呈现出包括内向外向、实感直觉、情感思考、知觉判断在内的 MBTI 图形，均分为轻微、中等、明显、强四个区间

人格评估
测量自己与别人不同的独特而稳定的思维方式和行为风格，它会影响做事习惯、工作方式及工作绩效
其中以卡特尔的 16PF 较为常用，即从 16 个方面描述人格特征：乐群性 (A)、聪慧性 (B)、稳定性 (C)、恃强性 (E)、兴奋性 (F)、有恒性 (G)、敢为性 (H)、敏感性 (I)、怀疑性 (L)、幻想性 (M)、世故性 (N)、忧虑性 (O)、实验性 (Q1)、独立性 (Q2)、自律性 (Q3)、紧张性 (Q4)

兴趣评估
了解自己对什么职业感兴趣，即"我喜欢做什么"
职业兴趣影响一个人对待工作的态度，对工作的适应能力，表现为有从事相关工作的愿望和兴趣，拥有职业兴趣将增加个人的工作满意度、职业稳定性和职业成就感

能力评估
测试自己的基本或特殊能力，如逻辑推理能力、口头表达能力等，一般用设计好的测试量表
一般包括德能（道德修养能力、道德实践能力、道德影响能力、道德选择能力、道德创造能力等），智能（观察力、记忆力、思维能力、想象力、创新能力等），技能（组织能力、沟通能力、交往能力、写作能力、表达能力、学习能力等专业技能和特殊技能等），体能（生理、心理的健全程度）

图 3-2 职业生涯评估的四类基本要素

职业生涯评估的三类特殊要素，包括智力倾向评估、职业动机评估和职业发展评估，如图3-3所示。

图 3-3　职业生涯评估的三类特殊要素

3.2.3　表单范例：调查表、规划表和评审表

（1）职业生涯状况调查表

职业生涯状况调查表范例，如表 3-11 所示。

表 3-11　职业生涯状况调查表范例

姓名		年龄		部门		岗位名称	
教育状况	最高学历			毕业时间		毕业学校	
	已涉足的主要领域						
参加过的培训							
目前具备的技能与能力	技能/能力的类型				证书/简要介绍此技能		
其他单位工作经历简介							
单位		部门		职务	对此工作满意的地方		对此工作不满意的地方

续表

最重要的三种需要					
□弹性的工作时间	□成为管理者	□报酬	□独立	□稳定	□休闲
□和家人在一起的时间	□挑战	□成为专家	□创造		
请详细介绍一下自己的专长					
结合自己的需要和专长,说明你对目前的工作是否感兴趣,并详细说明一下原因					
请详细介绍自己希望选择哪条晋升路径					
请详细介绍自己的短期、中期和长期职业规划设想					

（2）职业生涯阶段规划表

职业生涯阶段规划表范例，如表3-12所示。

表3-12 职业生涯阶段规划表范例

姓名		性别		身体状况		出生年月	
学历		专业		现任职务		所属部门	
参加过的培训							
个人优势							
个人劣势							
职业生涯目标	长期目标				完成时间		
	中期目标				完成时间		
	短期目标				完成时间		
职业生涯路线选择							
阶段目标（2～3年）	具体内容与实施		起止时间		需要的支持		
今年规划							
现阶段需要提升的方面							

（3）职业生涯年度评审表

职业生涯年度评审表范例，如表3-13所示。

表 3-13 职业生涯年度评审表范例

	姓名		职位名称	
	填写日期		任职日期	
员工填写	本年度主要的成就			
	本年度最大进步			
	成就及进步的原因分析			
	对未来工作内容的需求			
	对培训的需求			
	对职业生涯规划调整的要求			
	个人职业生涯的中长期计划			
主管填写	对组织成员工作能力的评价			
	对组织成员成果绩效的评价			
	需改进的内容及提升措施			
	对其中长期发展目标的建议			

3.3 职业生涯决策

《荀子·不苟》中有一段话："见其可欲也，则必前后虑其可恶也者；见其可利也，则必前后虑其可害也者；而兼权之，熟计之，然后定其欲恶取舍，如是，则常不失陷矣。"也就是说，当我们看见可以追求的东西时，就必须认真考虑一下它不好的一面；当我们找到可以得利的东西时，就必须认真考虑一下它可能造成的危害。两方面权衡一下，全面考虑后再做决定，往往就不会决策失误了。

人的一生都在做决策，而决策就是一门权衡利弊、取舍得失的学问。做职业生涯决策的过程同样是个人在多项选择之间权衡利弊，以达成最大价值的过程。权衡利弊，取舍得失，三思而后行，谋定而后动。

3.3.1　排除三个消极障碍

职业生涯决策是指个人根据各种条件，并经过一系列活动以后，进行的目标决定，以及为实现目标而制定优选的个人行动方案。职业生涯决策是一个复杂的认知过程，通过此过程，决策者组织有关自我和职业环境的信息，仔细考虑各种可供选择的职业前景，做出职业行为的公开承诺。由此可以看出，职业生涯决策是一个过程，而不单单是一种结果。

职业生涯决策不能够仅仅是制定一个阶段性的小目标，而应该是一连串的、可以贯穿自己整个职业生涯发展的远景大目标。如果职业生涯决策过于短浅，又没有后续职业生涯里程碑的支撑，肯定会使人迷失方向，丧失奋斗的热情。

人们在做出职业生涯决策时，常常犹豫不决、左顾右盼、舍与得难于平衡，很难做出决定，这实际上就是遇到了消极障碍。所以，为了确保职业生涯决策的成功，应当能够提前识别这些障碍，以更好地采取措施提前排除障碍，顺利做出使自己不会后悔的选择。

（1）个人方面的障碍

要做出有效的职业生涯决策，就必须在决策中使自己的身体、情绪和精神状况均处于良好状态，以确保自己能够发挥最好的水平。如果决策者疲惫不堪，或者紧张焦虑，或者无法集中精力于决策事件本身，就不能确保得到有效决策。

当然，同学习一样，如果一个人善于沟通交流，向过来人请教，利用好间接经验和案例，选择的成功概率就会更高。

（2）家庭方面的障碍

无论是年轻人还是老人，家庭成员以及与自己有密切关系的人，都会或多或少地干预你的决策，好的、适用的方面叫意见或建议，坏的、偏激的方面就是障碍了。

对于年轻人而言，问题可能来自家长；对于稍年长一些的，问题可能来自配偶、情侣或者孩子。而且那些与家庭成员高度融合或密切相连的人，往往在决策中很难保持自己情绪和心理上的独立。当家庭成员之间无法就义务、经济、责任、内疚感、价值观等达成共识，就会使个体决策出现问题。

（3）社会方面的障碍

从宏观上看，政治、经济、历史和文化的力量都能够干扰个人职业生涯决策。例如，年龄歧视、性别歧视等可能损害个体的教育或就业选择，地域政策、城市发展等可能影响个体持续发展，具体到积分落户、购房、孩子入学等也是不得不考虑的因素，这些因素都会使自己的决策变得异常复杂。而在经济衰退时期，选择的范围更窄，大多数人往往不敢行动，只能忍受一些不合理甚至不合法的劳动压榨。

针对社会方面的障碍，有时会无可奈何，但是，记住"树挪死，人挪活"。

3.3.2 "5W"思考法回答五个问题

职业决策"5W"法的五个"W"涉及五个方面的问题，每个问题的思考都需要专业的操作，如图3-4所示。如果能明明白白、清清楚楚地回答以下五个问题，那么，你的职业生涯方向也就明确了，遇到问题下决定时也就不那么纠结了。

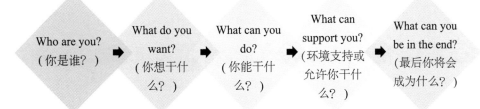

Who are you?（你是谁？）	What do you want?（你想干什么？）	What can you do?（你能干什么？）	What can support you?（环境支持或允许你干什么？）	What can you be in the end?（最后你将会成为什么？）
对自己做一个深刻的反思和全面的评估，全方位地认识自己。具体包括自己的学历、所学专业、兴趣、爱好、动机、能力、特长等	对自己职业发展的心理趋向进行检查，进一步明确职业发展的方向。通常来说，每个人在不同阶段的兴趣和目标并不完全一致，有时甚至是完全对立的	一个人职业的定位最根本的还要归结于他的能力，而职业发展空间的大小则取决于自己的潜力。一般从做事的兴趣、韧劲儿、判断力，以及知识结构是否全面、是否及时更新等方面进行分析	环境支持在客观方面包括本地的各种状态，如经济发展、企业制度、人事政策、职业空间等，人为主观方面包括同事关系、领导态度、亲戚关系等，应综合两方面进行分析	列出不利条件最少的、自己想做而且又能够做的职业生涯目标

图3-4 "5W"思考法的五个问题

"5W"思考法到底如何应用如何操作呢？不复杂，分别回答上述五个问题即可，将每个问题的多项答案记录下来，进行排序。然后将五个答案中内容相同或相近的答案用一条横线连起来，就会得到几条连线，而不与其他连线相交的，又处于最上面的线，就是职业生涯的最佳方向。在毕业找工作时，以及工作几年后遇到职业生涯岔路口时，就拿"5W"思考法来下决定吧！

那么，问题来了，如果明确地回答了以上五个问题，职业生涯的方向也就明确了。但是，捅破职场"天花板"的好方法到底是什么呢？是转岗，还是跳槽，还是从底层商业模式入手，升级商业模式，成为自由职业者，甚至创业者？

① 转岗，属于组织成员的内部岗位变动。与内部调岗含义基本相同，但内部调岗是从企业人力资源管理的角度来定义的，而转岗则是从个人职业生涯的角度来定义的。

② 跳槽，即辞职找新工作，是辞别自己原先的工作岗位及组织，寻求在其他组织中获得职业发展的机会。

③ 成为自由职业者，即个体劳动者，指摆脱了组织的管理，自己管理自己。主要涉及知识密集型的行业，比如，作者、翻译、电脑程序员、咨询师、策划人等。

④ 创业当老板，即自己创造自己的事业，为自己打工，自负盈亏，成败均掌握在自己手里，好与坏都怨不得别人。

归结起来，这四种方式中最直接、最核心的角色扮演其实就是两种：打工者（转岗、跳槽）和老板（自由职业、创业）。选择哪一种方式也是智者见智仁者见仁，没有绝对的对和错，每一种商业模式在一定的阶段都会有它的天花板出现。关键是每个人都必须清楚你现在状态的"天花板"（即临界点）在哪里，自己的"硬件"（财力、物力等）和"软件"（能力、素质等）到底和哪一种模式更匹配。因为，优秀的人才在任何时候、任何地方都是稀缺性的资源。

3.3.3　CASVE循环走好五个阶段

CASVE循环包括五个阶段，即沟通（Communication）、分析（Analysis）、综合（Synthesis）、评估（Valuing）和执行（Execution），CASVE就是这五个阶段的英文单词首字母。它可以提供整个职业生涯问题解决和决策制定的指导。CASVE五步循环，如图3-5所示。

（1）沟通

在这个阶段，个人会收到关于职业理想与现实之间存在差距的信息。这些信息可能通过内部或外部交流途径传达给个人。内部沟通包括情绪信号，例如不满、厌烦、焦虑和失望，还有身体信号，如昏昏欲睡、头痛、胃部疾病等。外部沟通包括父母对自己的职业规划的询问，同事、朋友对自己的职业评价，或者是网站、论坛、杂志、

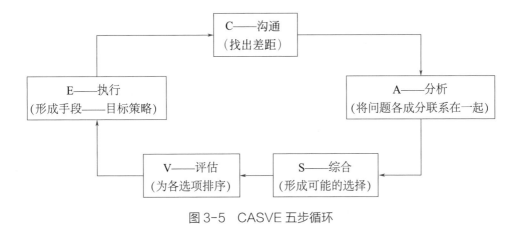

图 3-5 CASVE 五步循环

报纸等媒体上关于自己的专业正在逐渐过时的文章。

这是意识到自己需要做出选择的阶段。在这个阶段,个人通过各种感官和思考充分接触问题,发觉差距的存在已不容忽视。

(2)分析

在这一阶段,问题解决者需要花时间去思考、观察、研究,从而更充分地了解差距,了解自己做出有效反应的能力。好的职业生涯决策者避免冲动行事以减少在沟通阶段所体验的压力或痛苦,因为他们知道,这是无效的,甚至可能令问题恶化。他们清楚要解决这个问题需要了解自己的哪些方面,了解环境的哪些方面,需要做些什么才能解决问题,为什么自己会有这样的感受,家人会怎样看待自己的选择等问题。

这是了解自己和自己的各种选择的阶段。在这一阶段,职业生涯问题决策者通常会更新自我知识,不断了解职业世界和家庭需要。简而言之,在分析阶段,职业生涯决策者应尽可能了解造成在第一阶段发现的差距的原因。同时,分析阶段还需要把各种因素和相关知识联系起来。例如,把自我知识和职业选择联系起来,把家庭和个人生活的需要融入职业选择中。

(3)综合

综合主要是加工上一阶段提供的信息,从而制定消除差距的行动方案。其核心任务是确定自己可以做什么来解决问题。

这是一个先扩大再缩小选择清单的过程。首先,尽可能多地找到消除差距的方法,发散地思考每一种办法,甚至采用"头脑风暴"的方法进行创造性思维的激发。然后,确定缩小有效方法的数量,通常缩减到 3～5 个选项,因为人们头脑中最有效的记忆和工作容量就是这个数目。

(4)评估

评估阶段将选择一个职业、工作或大学专业。评估阶段的第一步是评估每一种选择对职业生涯决策者和他人的影响。例如，如果选择了职业A，这一选择将会给自己、伴侣、父母、孩子、朋友、邻居等重要人物带来什么影响？每种选择都要从对自己和对他人的代价和益处两方面进行评价，并综合物质上和精神上的因素。

评估阶段的第二步就是对综合阶段得出的选项进行排序。能够最好地消除在沟通阶段所确定的存在于现实与理想状态之间的差距的选项排在第一位；次好的排在第二位，依此类推。此时，职业生涯决策者会选出一个最佳选项，并且做出承诺去实施这一选择。

（5）执行

在这一阶段，职业生涯决策者将根据为行动制定的计划，把思考转换为行动。执行包括形成手段、目标联系，及确定一系列逻辑步骤以达到目标。

CASVE循环是一个不断重复的过程，在执行阶段之后，职业生涯决策者又回到沟通阶段，以确定已经选取的选择是不是最好的，是否能最有效地消除理想与现实间的差距。

第4章
职业生涯规划与就业、择业、创业

4.1 职业生涯规划与就业

从职业优选流程来看，好的职业生涯规划是先就业、再择业、后创业，内部创业是更好的就业。当然，这需要国家、政府、组织、企业和招聘HR、职业生涯教练们的正确引导。不挑三拣四，先找到一份工作，真正干了一段时间之后，才会发现自己的价值所在、自己的能力高低，以及自己想要什么样的职场生活。

4.1.1 就业市场与就业途径

在我国，就业市场存在总量性失业和结构性失业并存的现象。总量性失业表现在大部分专业、大部分岗位普遍供给大于需求；结构性失业的显著特点是职位空缺与失业并存。即一方面存在大量的失业劳动者；另一方面，一些行业的工作岗位又存在空缺，找不到适合的劳动者。换句话说，就是有大量求职者也有大量空缺岗位，但是，应聘者找不到心仪的工作岗位，而企业又找不到合适的员工，人、岗在两条平行线上，没有交叉。所以，就业市场劳动力供需平衡是局部、短暂的，供需不平衡是常态。

（1）总量性失业

总量性失业是指人才供给大于需求，人才供给过剩而就业需求不足的现象。总量性失业表现在以下三个方面。

① 从劳动力的供给方面来看，存在劳动力过剩的现象。中华人民共和国成立以来，中国人口高速增长。1978年以后，国家积极推进计划生育政策，经过近30多年的努力，中国人口过快增长的情况得到有效控制。到了2010年，我国人口的自然增长率降到了4.79‰，但是由于人口基数大，人口总数已达13.4亿。2021年5月11日，国家统计局公布的第七次全国人口普查结果显示，全国人口共141178万人，与2010年的133972万人相比，增加了7206万人，增长5.38%；年平均增长率为0.53%，比2000年到2010年的年平均增长率0.57%下降0.04个百分点。数据表明，我国人口10年来继续保持低速增长态势。庞大的人口基数形成了大量的劳动力资源，促进了劳动力供给的增长。

② 从劳动力的需求方面来看，对劳动力需求岗位的开发不足。目前我国产业结构中第一、第二产业比重偏高，第三产业比重明显偏低，而且内部结构不合理、效益偏低。与世界大部分国家相比，我国第三产业增加值在GDP中所占比重偏低。

另外，劳动力的需求受宏观因素和微观因素的影响。宏观因素包括社会生产规模、国家经济政策、产业结构状况和科学技术等；微观因素包括企业生产规模、生产技术和管理水平等。

③ 从农村剩余劳动力来看，农村的人口增长速度加快，人均耕地面积日益减少，且农村的生产方式由家庭联产承包责任制开始向相对专业化的集中生产方式转变。因此，大量农村剩余劳动力，一部分流向乡镇企业，另一部分成为流动人口流向大城市。

（2）结构性失业

结构性失业是指在经济结构（包括产业结构、产品结构、地区结构等）转型的过程中，由于劳动力在知识、技能、经验等方面的供给结构不适应需求结构的变化，从而出现了劳动力供给大于需求而产生的失业。结构性失业表现在两个方面。

① 求职者的劳动技能、受教育程度等与劳动力需求方的要求不相符。经济结构的优化升级客观上要求求职者对自己的知识结构和能力做出同步调整。但目前大量求职者的知识结构和水平难以及时适应经济结构和产业升级的变化，在一些大城市中，既存在为数众多的失业人口，也出现中高级技术工人极其短缺的状况。

② 求职者对薪酬、福利待遇、职业、工作环境和地点等的要求与劳动力需求方提供的条件不相符。求职者缺乏正确的劳动观念，就业期望值过高。一部分员工下岗后，竞争意识淡薄，不愿去非公有经济单位就业，又拒绝对劳动者素质要求较低的脏累工作；一些应届大学生在择业时期望超高，宁可失业也不愿意降低身份去做基础性的工作。求职者意向和劳动力需求方就业条件的不匹配，造成许多就业供给远大于需求的现象。

由于我国东部、中部和西部地区之间的经济和社会发展有较大差距，以及人力资源制度、分配制度等方面的影响，东部沿海地区及大城市成为求职者就业的首选地区。其实，除了选择北京、上海、广州、深圳等一线城市，还可以拓宽就业途径，有更多的选择，如图4-1所示。

图 4-1 多种就业途径选择

4.1.2 简历筛选与面试题设计

索柯尼石油公司人事经理保罗·波恩顿20年间面试过7.5万名应聘者，并出版过一本名为《获得好工作的6种方法》的著作。

有人请教他:"今天的年轻人在求职时,最容易犯的错误是什么?"

"不知道自己想要什么,"他回答说,"这让人惊诧不已,想想看,一个人花在影响自己未来命运的工作选择上的精力,竟比花在购买一件穿了一年就会扔掉的衣服上的心思要少得多,是一件多么奇怪的事情,尤其是当他未来的幸福和富足全部依赖于这份工作时。"

所以,求职者要想获得一份好工作,就必须精心准备做好一件更直接、更具体的事情:写好一份脱颖而出的简历。简历的目的只有一个:取得面试机会。只要招聘HR看到简历后说"这个人好像挺不错的,让我们见一面,进一步了解一下他吧",那么,应聘者就成功一半了。

而用人单位的招聘HR,除了明确上述就业问题与影响因素,分析就业市场与就业途径,引导曲线就业与灵活就业之外,还必须掌握简历筛选技术和面试技巧工具。

4.1.2.1　网络简历筛选

(1)设置网络简历过滤系统

网络简历筛选应预先设置简历过滤系统,通过制定一定的硬件标准,如学历、工作经验、证书等为接收简历的先决条件,事先将明显不符合企业用人要求的简历剔除,进而减少招聘HR的工作量。

在设置简历过滤系统时,应根据职位说明及任职要求确定岗位所需人才的各项素质和能力要求,从而提炼出关键词,再由系统根据关键词进行检索、筛选、过滤、打分。××公司在对应届毕业生的简历进行网络筛选时设定的筛选标准,如表4-1所示。

表4-1　××公司对应届毕业生设置的网络简历筛选标准

序号	项目	权重	得分			
			2	4	6	8
1	学校层次	10%	职业院校	普通大学	国家重点大学	重点名牌大学
2	班级排名	10%	21名以后	11~20名	6~10名	前5名
3	英语水平	10%	CET-4未通过	CET-4	CET-6	专业英语八级
4	专业背景	10%	纯文科类	理工科类	经济类	管理类
5	社团工作	10%	无	一般成员、干事	系、院社团部长、主席	学校级别社团主席
6	实习经验	10%	无	一般勤工俭学	本专业相关实习	知名企业实习
……	……	……	……	……	……	……

（2）评估系统过滤后的简历

经网络简历筛选系统过滤后，招聘HR应对系统打分后的简历进行评估。评估时应特别注意辨别简历的真伪，查看简历中是否有自相矛盾的地方，工作内容的表述是否合理、是否符合逻辑等。并根据评估结果最终判断应聘人员与企业的匹配性，进而确定哪些应聘人员可以进入下一个环节。

4.1.2.2 纸质简历筛选

纸质简历的筛选是企业对应聘者资格的最初审查和初选。纸质简历的筛选主要有分析简历结构、审查简历的客观内容、判断是否符合岗位技术和经验要求、审查简历中的逻辑性、对简历的整体印象五大要点，如图4-2所示。

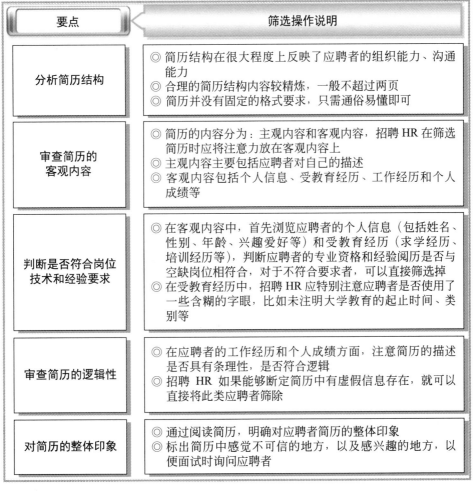

图4-2 纸制简历筛选的五大要点

4.1.2.3 简历和应聘申请表筛选的工作标准

简历和应聘申请表筛选的工作标准,如表4-2所示。

表4-2 简历和应聘申请表筛选的工作标准

工作事项	工作执行标准
做好筛选前的准备工作	① 在筛选简历和应聘申请表之前,招聘HR要仔细阅读该招聘岗位的工作说明书,以明确该岗位的具体要求,避免选择的偏差 ② 注意与招聘岗位用人部门负责人进行沟通,深入了解该部门对本招聘岗位的特殊需求,以提高面试的效果,避免事倍功半
判断应聘者以往职业发展概况	招聘HR首先要了解应聘者之前工作过的单位和在职时间,粗略判断其职业发展的上升、轮岗、变换路线和就业的稳定性
标出硬性指标	① 注意标出学历、资格资质、毕业院校、曾任职务、工作年限等硬性指标,并将这些硬性指标与本企业的招聘标准相比较 ② 招聘HR直接筛选掉不符合硬性指标的简历
找出工作经历的关键词	① 找出应聘者从事过的岗位类别和关键业绩,并判断其成果的真实性 ② 标注应聘者工作经历描述中的关键词和数据,以备面试时重点提问和确认
预测应聘者的职业发展趋势	根据应聘者现有的工作经历和稳定性,初步判断应聘者的职业发展趋势,判断企业与应聘者的匹配性,进而决定是否进行下一步的面试面谈

4.1.2.4 结构化面试题目设计示例

根据人才测评要点的不同,结构化面试常用的20类经典问题,如表4-3所示。

表4-3 结构化面试常用的20类经典问题

序号	类型	问题	测评要点
1	工作经历	请简单描述你的工作经历和所获得的成绩	考查应聘者语言组织的流畅性和思维逻辑能力
2	求职目的和动机	① 你放弃以前的工作重新求职,原因是什么 ② 你为什么选择这份工作 ③ 如果我企业的竞争对手以更优厚的条件聘用你,你会怎么做	考查应聘者是否有明确的求职目的,求职动机是否合理
3	职业偏好	① 你喜欢的工作类型或工作内容是什么 ② 你习惯于单独挑战难题还是团队协作	考查应聘者的工作兴趣和工作习惯

续表

序号	类型	问题	测评要点
4	岗位胜任力	① 你所擅长的专业或技能是什么 ② 竞争这个岗位，你认为自己的优势是什么	考查应聘者的竞争优势与存在的差异
5	时间的规划和管理	① 你是如何准备这次面试的 ② 描述一个典型的工作日程安排 ③ 请举例说明你在工作中是如何安排事情的轻重缓急的	考查应聘者对时间计划的合理性及分配使用习惯
6	自我学习	① 如果企业开展培训，你希望是哪些方面 ② 你利用业余时间进行自我学习的方式和途径是什么 ③ 你喜欢阅读的书籍有哪些？近期正在读的是哪一本？对哪一段感触最深	考查应聘者的工作进取心
7	人际关系处理	① 家人、朋友、同事和领导对你的评价是怎样的 ② 工作中你喜欢何种沟通方式 ③ 当你与别人意见不一致时，通常如何处理	考查应聘者的人际沟通能力
8	管理能力洞悉	你认为合格的管理者应具备哪些素质和能力	考查应聘者对综合管理能力的理解
9	个人决策	当你尝试做一件全新的事情时，一般成功的概率会有多大	考查应聘者的判断与决策能力
10	问题解决	你在工作中常遇到的矛盾和冲突是什么？你是如何处理的	考查应聘者的冲突处理能力
11	鼓励创新	你是如何鼓励员工发挥自身创造力的	考查应聘者的创造与革新能力
12	缓解压力	在压力状态下，你的工作表现如何？请举例说明	考查应聘者的抗压能力
13	判断能力	当你明知这样做不对，你还会按照领导的意思去做吗	考查应聘者的工作独立性和个人判断能力
14	激励他人	对于下属取得的成绩你通常会采取哪种方式进行有效的沟通	考查应聘者的激励能力
15	工作方法	当有同事违反工作纪律时，你会怎么处理	考查应聘者的工作态度和执行力

续表

序号	类型	问题	测评要点
16	应变能力	如果你做了一件好事,却遭到别人的误解,你会怎么处理	考查应聘者的灵活应变能力
17	自我控制	面对领导和同事的严厉批评,你会怎么处理	考查应聘者是否具有良好的情绪控制能力
18	事业观	① 在生活或工作中,你遇到的最失败的一件事情是什么 ② 你在工作中希望得到什么回报 ③ 你认为怎样才能成功	考查应聘者的心态是否成熟、价值观如何
19	优、缺点评价	① 请列举你的三个优点 ② 请列举你的三个缺点	考查应聘者是否具有充分的自我认识能力
20	个性特征	你平时都喜欢一些什么活动,有哪些业余爱好	考查应聘者的个性特征及能否平衡生活与工作之间的关系

4.1.3 曲线就业与灵活就业

人生总是从低处向高处攀登奋进的。在职业生涯的开局设计中,不要把自己的期望定得太高,尤其是刚刚毕业的应届大学生或者工作一两年的新员工,如果你愿意从山脚下开始攀登,反倒容易一步一个台阶到达理想的高峰。

适合个人的择业期望值不是一下子就能确定的,可以采取"分步达标"和"不断修正"的策略来不断调整,以期达到最佳。

一些大学毕业生如果暂时找不到工作而又缺乏实际工作经验,就可以先到单位见习,采取"培训-见习-就业"模式,这种模式可以称为曲线就业。因为,见习同时给单位和大学生双方提供了一次机会,这些实习生如果工作期间表现良好,就有可能留在原公司成为正式员工,即使没能在见习单位就业,也增加了实践机会。另外,也可能在见习结束时得到实习证明、领导或直接主管的推荐信,以增加再次求职成功的概率。

灵活就业也是一种可以选择的方式。

2020年12月22日环球网上有一则新闻,某招聘平台发布的《中国灵活用工市场研究报告》显示,90后与00后灵活就业者占比超过50%,其中95后占比21.43%,90后占比20.68%。分析称,由于年轻人的"触网"程度较高,也乐于从事新经济岗位,因此对灵活用工的融入度更高。在薪水方面,2020年前三季度,灵活就业司机类职位支付月薪较高，其次是签约艺人，分析称这是受直播带货和短视频流行的影响。

灵活就业人员是指以非全日制、临时性和弹性工作等灵活形式就业的人员。包括在各级档案寄存机构寄存档案的与用人单位解除或终止劳动关系的失业人员、辞职人员、自谋职业人员，档案寄存期间经劳动人事部门批准的退休人员，已办理就业失业登记的未就业人员，从事个体劳动的人员，个体经济组织业主及其从业人员，主要形式包括三种类型，如图4-3所示。

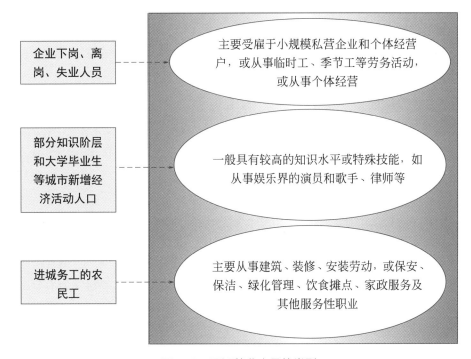

图 4-3 灵活就业人员的类型

基于不必签订劳动合同，或者不必缴纳社会保险、住房公积金等，或者员工管理的便利性等因素，很多企业很乐意招聘灵活就业人员。

4.2 职业生涯规划与择业

身在职场，每个人都想找到适合自己的行业、组织和岗位，促进个人成长、成才，达成愿望、理想，获得职业成功，这就是在择业。择业就是高质量的就业，就是找到与自己的职业理想和能力相匹配、与社会发展需要相适应的工作，并且应该是动态的匹配和适应，因为，职业生涯早期、中期、晚期的每一次跳槽都是在择业。那么，到底什么才是"适合"？如何实现人岗匹配，获得职业幸福感呢？

4.2.1　运用两个择业理论

诺贝尔经济学奖得主埃德蒙·菲尔普斯说过："很多受教育程度良好的年轻人，都挤着想去做公务员，这是一种严重的浪费。"稳定的"铁饭碗"不一定适合所有人，竞争激烈的外企、压力巨大的互联网企业、一个人干好几个岗位工作的创业公司，很多人做得也很好。

4.2.1.1　帕森斯的"职业-人匹配"理论

"职业-人匹配"理论是由职业指导的创始人、美国波士顿大学教授弗兰克·帕森斯创立的。1908年帕森斯在波士顿创建了职业局，帮助求职者评价他们的个性特征，调查当地就业状况，最后选择最佳的职业。1909年，在他《选择一个职业》一书中提出，人与职业相匹配是职业选择的关键点。

职业与人是相互关联的，个人在进行职业选择的同时，职业也对个人进行选择，只有以两者相互一致、相互适应、相互匹配为前提，才能较好地完成职业选择。

所谓"职业-人匹配"理论，即针对人格特性及能力特点，寻找与之对应的职业选择与指导的理论，也称"特性-因素匹配"理论。该理论认为，每个人都有自己独特的人格特性与能力模式，这种特性和模式与社会某种职业的实际工作内容及其对人的要求之间，有较大的相关度。个人进行职业选择时，以及社会对个人职业选择进行指导时，应尽量做到人格特性与职业因素的接近和吻合。

"职业-人匹配"理论选择的三个步骤与匹配的两种类型，如表4-4所示。

表4-4　"职业-人匹配"理论选择的三个步骤与匹配的两种类型

三个步骤	说明	两种类型	说明
评价特性	即对择业者的各种生理、心理条件以及社会背景进行评价的过程。包括常规性的身体与体质检查、能力测验（尤其是职业能力测验）、兴趣测验、人格测验，以及对学业成绩、家庭经济收入、父母职业、家庭文化背景等多方面做出综合评价	因素匹配（职业选择人）	例如，有专门技术和专业知识需求的职业与掌握该种知识和技能的择业者相匹配；脏、累、苦等劳动条件很差的职业，需要有吃苦耐劳、体格健壮的劳动者与之匹配

续表

三个步骤	说明	两种类型	说明
分析因素	即对职业对人的要求进行分析的过程，以使个人有较明确的选择目标。包括各种职业（职位、职务）的不同工作内容，对人的生理、心理、文化等条件的不同要求等	特性匹配（人选择职业）	例如，具有敏感、易动感情、不守常规、个性强、理想主义等人格特性的人，宜从事审美性、自我情感表达的艺术创作类职业
匹配二者	即将个人的特性评价与职业因素的分析结果进行对照，以使个人能够寻找到自己适合的职业		

4.2.1.2 佛隆的择业动机理论

美国心理学家佛隆通过对个体择业行为的研究认为，个体行为动机的强度取决于效价的大小和期望值的高低，动机强度与效价及期望值成正比。1964年，在《工作和激励》一书中，他提出了解释员工行为激发程度的期望理论。动机强度的公式如下

$$动机强度 = 效价 \times 期望值$$

其中，动机强度是指积极性的激发程度，表明个体为达到一定目标而努力的程度；效价是指个体对一定目标重要性的主观评价；期望值是指个体对实现目标可能性大小的评估，也称为目标实现概率。

员工个体行为动机的强度取决于效价大小和期望值的高低。效价越大，期望值越高，员工行为动机越强烈，也就是说为达到一定目标，他将付出极大努力。如果效价为零乃至负值，则表明目标实现对个人毫无意义。在这种情况下，目标实现的可能性再大，个人也不会产生追逐目标的动机，不会为此付出任何的努力。如果目标实现的概率为零，那么无论目标实现意义多么重大，个人同样不会产生追求目标的动机。

例如，一名大学毕业生去应聘保洁工人，被聘用的可能性是很大的，几乎不需要怎么努力就可能实现，但这不是大学毕业生的奋斗目标，所以，很少有大学生去应聘；再比如，一个大型企业招聘一个高级主管，这个职位对很多大学毕业生都具有强烈的吸引力，是大学毕业生梦寐以求的职位，但是，对于一个普通高校、各方面都很平常的毕业生，能获得这个岗位的可能性很小，所以，一些大学毕业生很可能就放弃对这一职位的竞争努力。

择业动机公式可表示如下

$$择业动机 = 职业效价 \times 职业概率$$

择业动机公式三个指标的释义，如图4-4所示。

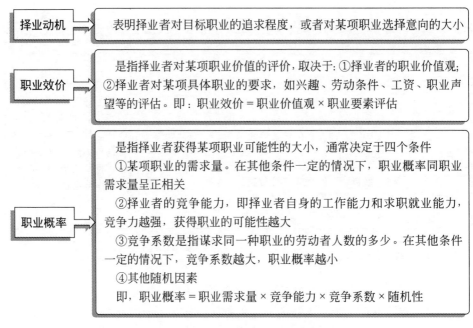

图 4-4　择业动机公式三个指标的释义

择业动机公式表明，对择业者来讲，某项职业的效价越高，获取该项职业的可能性越大，择业者选择该项职业的意向或者倾向就越大；反之，某项职业对择业者而言其效价越低，获得此项职业的可能性越小，择业者选择这项职业的倾向也就越小。

择业动机理论表明，择业动机的大小，不仅取决于个人的主观因素，更决定于社会的客观条件，不仅取决于某些职业对个人的吸引程度，还取决于获得这些职业的可能性大小等因素。

4.2.2　树立理性的择业观

（1）树立正确的自我实现观

马克思在青年时曾说过，选择职业时应该遵循的主要方针是人类的幸福和我们自身的完美。不应该认为这两种利益是互相敌对、相互冲突的；一种利益必须消灭另一种的。为同时代人的完美、为他们的幸福而工作，人们自己也能因此而达到完美。

企业和招聘HR有责任引导员工树立正确的自我实现观，使其充分认识到自我价值与社会价值是有机统一的，不能够独立地看待个体，不能仅仅把职业看作满足一己私利的手段，否则必会导致择业观的偏差与误导。

（2）择业需要考量的六个因素

职业选择对于每个人将来在行业、企业和职业中的发展都有着非常重要的影响。

如果选择正确，则自己将来的发展道路将会比较顺利；如果选择失误，则很可能会遇到比较多的问题和挫折，如图4-5所示。

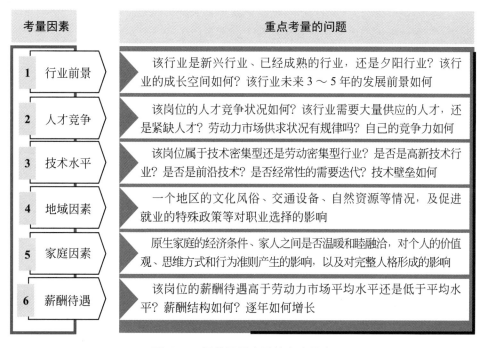

图4-5 择业需要考量的六个因素

（3）三个审视促进及时就业

择业就要实现从"我想干什么"的幻想向"我能干什么"的现实转化，最大限度地整合理想与现实的差距。在这个过程中需要审视三个方面，如图4-6所示。

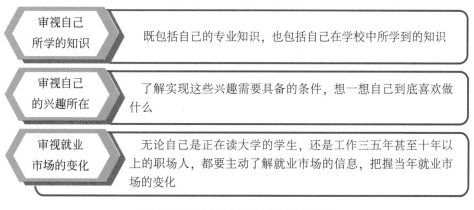

图4-6 及时就业应做到的三个审视

4.2.3 职业道德行为规范与择业

有一种观点认为，在招聘中，如果选择的人不对，培养就不会有效，考核也不会有效，激励更不会有效。而且这部分人创造的价值越大，舍弃他们的机会成本就越多。

企业老板和HR在人才招聘中往往存在三个典型的问题：
① 90%的老板不知道自己要招聘什么样的人。
② 老板跟HR描述他要一个什么样的人，HR招来的人100%跟老板描述的人不一样，差别巨大。
③ 更可怕的是HR联络了一批所谓的猎头公司来帮他招人，但是却进入了"推荐→筛选→试用不合适→再推荐"的恶性循环。

所以，优秀的HR在招聘前要做好一项工作——人才画像。
① 招募合伙人：必须符合三个条件，第一个是共同愿景，第二个是背靠背的信任加包容，第三个是合伙人之间能力互补，紧密合作。
② 招聘高管：要看三点，一是胸怀格局，二是战略眼光，三是超越伯乐。
③ 招募管理层：需要具备三点，核心价值观一致，业务管理成体系，管理团队能力够强。

当企业老板和招聘HR遇到"知识技能强，但是职业道德有问题的人"和"具备高尚的职业道德，但是技术和能力偏弱的人"这两类候选人时，他们会优先选择后者。

希波克拉底说"凭着良心和尊严行使我的职业，首先考虑的是病人的健康。"

几乎所有学现代医学（西医）的学生，入学第一课就要学习《希波克拉底誓言》，而且要求正式宣誓。可以说现代医学界的人没有不知道希波克拉底的。

在其他领域里，如律师、证券商、会计师、审计师、评估师、推销员等，都拿希波克拉底誓言作为行业道德的要求。

中国医师宣言彰显职业道德："我庄严宣誓，自觉维护医学的尊严和神圣，敬佑生命，平等仁爱，患者至上，真诚守信，精进审慎，廉洁公正，终身学习，努力担当增进人类健康的崇高职责。以上誓言，谨记于心，见于行动。"

《华为EMT自律宣言》表明企业对员工职业道德有较高要求。2007年9月，华为总部，任正非等200余名中高级干部："我们必须廉洁正气、奋发图强、励精图治，带领公司冲过未来征程上的暗礁险滩。我们绝不允许'上梁不正下梁歪'，绝不允许'堡垒从内部攻破'。我们将坚决履行以上承诺，并接受公司审计和全体员工的监督。"

可以从四个维度划分行业职业道德行为规范，如图4-7所示。

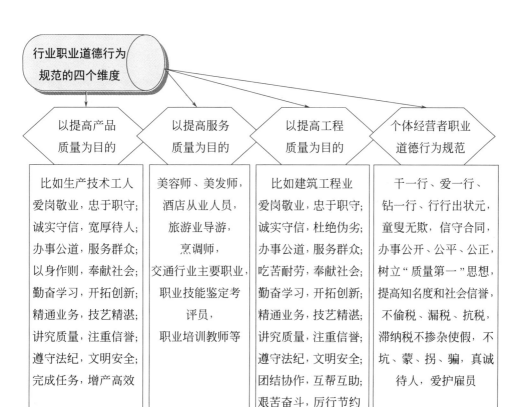

图 4-7　行业职业道德行为规范的四个维度

 **职业生涯规划与创业**

　　党的十七大报告提出"实施扩大就业的发展战略,促进以创业带动就业",即就业与创业是密不可分的,人们可以在就业过程中创业,也可以在创业过程中就业。党的十九大报告提出,到2035年我国基本实现社会主义现代化,经济实力、科技实力将大幅提升,跻身创新型国家前列。所以,我们的观点包括"内部创业是更好的就业""职场的优秀人才既是变革型领导,又应该具备优秀企业家特质""成为'三能'人才"和"勇于思维创新与方法创新"等。

4.3.1 对标案例：创业是更好的就业

案例一：环隆给员工内部创业机会

台湾著名的"鞋业大王"、台湾环隆企业集团创始人蔡长汀，在长期的经营实践中发现，不少企业都有一个致命的弱点，就是人才流失问题。花了很大的气力，用了很多钱才培养出来的企业栋梁，由于没有升迁的机会和更好的发展前景，他们不顾一切地跳槽。

蔡长汀与这些企业恰恰相反，他用自己的钱使一些人才成了股东或企业主。每当他看见自己认准并确有才干的人要离开时，就说："别走了，留在环隆，我给资金，你自己干，成功了企业归你，失败了算是我出的培训费。"

"环隆就像是一株兰花，只有不断地分根，才能生出许多新的兰花来。有了这些小兰花，我们的人才就保住了，事业就发展了，何乐而不为之。"

点评：企业为员工内部创业提供了平台，想走的人才不走了，从而更激励出企业活力。员工不但高兴地看到自己光明的前途，也更坚定了与企业继续并肩奋斗的决心与信心。

案例二：海尔人人创客

所谓创客，就是自主创业者。而在企业内部鼓励自主创业，听着确实有那么一丝惊世骇俗，这样的员工还怎么管理呢？还怎么能保障他们把精力用到工作岗位上去呢？即使为了保留优秀员工，为了培养员工的创业精神，好像也不值吧？

对此，海尔张瑞敏却有自己独特的见解。他觉得时代的变迁使得每个人都要成为创客，不成为创客就没有办法生存。不是你想不想变的问题，而是必须要变，越早变越好。企业给员工提供合适的创业土壤，让他们既能挑战自己、积攒宝贵的经验、增加收入、实现最大价值，同时又能为企业旗下的产品打开更广阔的市场，何乐而不为呢？

"人人创客"对于海尔并不是一句空洞的口号，而是打造了一个实实在在的"人人创客"平台。在海尔官网上明确地标注了它的定义：以海尔全系商品为依托，旨在精选海尔家电精品、爆品，并通过人人创客模式创新搭建利益共享的生态圈，为创客搭建专属的"零成本创业平台"，提供自主创业良机，实现人生梦想，实现用户、创客、海尔集团、创客平台多方共创共赢。

对创业感兴趣的海尔员工只需下载创客手机APP，获得企业授权账号和密码，就可以经营属于自己的海尔产品微店。在平台上，员工还能主动发展二级销售团队，成为领导者带领大家开拓可能的产品。海尔非常重视创客平台，并从产品、物流、售后等各方面予以支持。比如最新的冰箱、彩电、洗衣机等无条件全面供给，官方的日日顺物流负责快速配送，安装调试完全免费，而在创客平台下单的产品，也将无条件获得海尔的七星级售后服务。

更重要的是，海尔内部为想要创业的员工准备了专业免费的创客阶梯培训，帮助这些创业者们学习创业知识，积累创业经验。而创客平台专属的丰厚佣金奖励制度，更是成为海尔员工放开手脚创业的最佳动力。

"人人创客"是海尔自我的突破，也是公司管理模式上的创新。海尔"人人创客"平台风生水起的背后，是海尔与传统制造模式"决裂"的坚定信念。海尔管理层把"互联网+"的创新精神真正融入企业的日常经营中去，把过去因为信息不对称而割裂的企业内部员工与外部用户融为一体，体现了互联网社会零距离、去中心化、分布式的精髓。

点评：大多数企业的老板和招聘HR在面试时，听到候选人有创业经历时会马上将其淘汰，上班不允许带手机，不能发朋友圈，更别说创业了。如果有兼职想法或想单干的马上列入黑名单的公司也不在少数。而像海尔这样鼓励员工创业，不担心影响手头工作，并且还为员工提供创业平台的企业也很多。这种做法是在公司运营和人力资源管理的角度解决了一大类问题，对于那些工作之余还有旺盛精力的精英的职业生涯发展来说，肯定是双赢、共赢的结果。

4.3.2　变革型领导与优秀企业家

具有企业家精神的创业型人才是变革型领导。变革型领导是伯恩斯在他的经典著作《领导力》一书中提出的。他认为，变革型领导，通过领导者与团队成员的互动，把道德、工作动机和职业素养提升到较高的层次；变革型领导能够激发追随者的积极性，从而更好地促进两者共同目标的实现。

伯恩斯认为，变革型领导在组织变革过程中可以做到以下几点：

① 注重激发团队成员内在的动机和正能量；

② 引导下属将需求层次提升到自我实现的高度；

③ 通过提出自由、正义、公平及人道主义等更高的理想和价值观，唤起并帮助下属满足较高层次的内在需求。

后来，巴斯发展了伯恩斯的研究成果，提出了变革型领导理论。他将变革型领导划分为四个维度，即理想化影响力、鼓舞性激励、智能激发和个性化关怀。

（1）理想化影响力

理想化影响力是指能够使组织成员信赖、崇敬和追随的行为、魄力和魅力。变革型领导者一般需要具备公认度较高的职业道德标准和个人魅力，并受到下属的信赖和尊敬。

（2）鼓舞性激励

鼓舞性激励是指变革型领导者应用团队共识和情感要素来提升团队的凝聚力，擅长激起组织成员的工作动机，擅于描绘组织愿景和工作目标，运用积极乐观的态度唤起组织成员的工作积极性，真诚地向团队成员传达组织对他们的高期望值，使他们对未来的发展充满信心，进而产生强向心力和团队协作精神。

（3）智力激发

智力激发是指鼓励下属创新、挑战自我，启发大家发表新见解，创新地提出解决问题的新方法与新途径，鼓励下属用新手段、新工具解决工作中遇到的各种问题。

（4）个性化关怀

个性化关怀是指变革型领导者就像企业教练或管理咨询顾问一样，引导、帮助组织成员在一次次解决难题的过程中快速成长。在训练和咨询过程中，变革型领导者关怀每一位下属的诉求，关心他们的需求和能力提升，可以耐心细致地倾听，并对下属进行有针对性的引导、支持和激励，以使他们能够全面发展、持续成长。

当然，作为职场的打工者可能离华为任正非、海尔张瑞敏、格力董明珠、白手起家的互联网创业者等企业家的标准还很远，但是，在大众创业、万众创新的时代，我们的观点是"打工也要有创业精神""内部创业、带团队也要具备优秀企业家的创业特质"。

美国百森商学院创业研究中心主任威廉·拜葛雷夫经过多年研究，得出企业家具备的特质，他总结为"10D"，即作为变革型领导的优秀企业家应该具备的10项特点和素质，可以用首字母为"D"的10个英文单词来界定，如表4-5所示。

表 4-5 变革型领导优秀企业家的 10 项特质

序号	创业特质	具体描述
1	梦想家（Dreamer）	对自己、组织整体和全社会都憧憬一个美好的未来，更可贵的是，他们都有信心、有能力用行动去实现那些梦想
2	决策力（Decisiveness）	从不拖泥带水，他们果断、勇敢，经过调研、分析后能够快速下决定
3	实干家（Doers）	是落地派，从行动方案到过程纠偏再到成功
4	决心（Determination）	言必行、行必果，即使遇到再大的困难和障碍，只要他们坚信方向是正确的，就决不放弃
5	奉献（Dedication）	全身心投入工作岗位，夜以继日
6	专注（Devotion）	谨慎选择职业，一旦选定，就全力以赴，力争做到部门"老大"，不做到公司的高层管理者不算成功
7	细节（Details）	相信细节决定成败
8	主导命运（Destiny）	不相信"天上掉馅饼"，不坐等"兔子撞死在树下"，不怨天尤人，自己掌控自己的职场生涯，自己为自己的行为负责
9	金钱（Dollars）	通过拿提成第一、销售冠军证明自己的能力，通过所得工资、奖金的逐步提高证明自己的价值
10	分配（Distribution）	懂得财聚人散、财散人聚，既能激励自我，还能激励团队成员，有"小蘑菇"的地方就有欢乐、有成绩、有好未来

4.3.3 "三能"人才与创业实践

"坐下来能写、站起来能讲、走出去能谈"，是创业打拼初期最需要的"三能"人才特质。刚成立的企业，其部门和岗位一般不会十分齐全，往往需要"我是一块砖，哪里需要往哪里搬"。

和企业创始人一样，在初创企业就职的员工也不得不选择做"一条小池塘里的大鱼"。"大鱼"的"大"是指你必须写方案、讲标、商务洽谈样样都会做、样样都精通。"三能"创业人才模型，如图 4-8 所示。

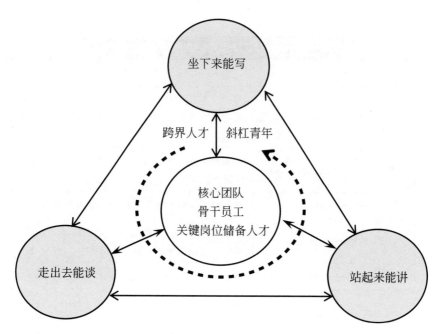

图 4-8 "三能"创业人才模型

在一个人的职业生涯全过程中,创业的机会无处不在,可以是自己辞职创业,也可以是在原属企业平台进行内部创业。但是,可以肯定的是,无论哪种方式,创业型员工必须是"三能"人才。企业的"三能"人才是变革型领导,具备优秀企业家特质,更乐于创新,"三能"人才创业的成功概率更高。

(1) 孵化器是创业初期温暖的"窝"

孵化器本义上是指孵化禽蛋的专门设备,引申意义是说可以为创业者在创业初期提供一个温暖的"窝"。对于选择要进入孵化器的新创企业,应首先要了解孵化器的运行模式以及孵化器对于要进入的企业的筛选规则。

创业者在创业初期面临着各种不可避免的创业难题,包括创业资金的筹措、经营场地的选择、企业注册登记的流程等各类问题。这时候,找个温暖的"窝",踏踏实实地度过创业初期和企业初步成长期,是一个不错的选择。

美国孵化器专家鲁斯坦·拉卡卡认为,企业孵化器是具有特殊用途的设施,专门为经过挑选的知识型创业企业提供培育服务,直到这些企业能够不用或很少借用其他帮助将他们的产品或服务成功地打入市场。

除了企业内部孵化器,一般而言,企业孵化器在中国也称高新技术创业服务中心。它通过为新创办的科技型中小企业提供办公空间和基础设施,提供一系列的服务支持,进而降低创业者的创业风险和创业成本,提高创业成功率,促进科技成果转化,培养成功的企业和企业家。企业孵化器的作用体现在以下三个方面。

① 缩短了企业的创办时间　孵化器对于入驻的企业，会立刻提供相应配套的硬件设施，同时还为企业代办工商登记、银行开户、税务登记等一系列法律规定的新办企业合法经营的手续。

② 最有效的资源整合工具　孵化器具备通往官、产、学、研、银行、风险投资的广泛渠道和网络，具备自我繁衍和繁衍他人的能力。企业孵化器是一个以咨询和中介为根本手段的高级智能服务产业。通过整合各种资源，将市场、技术、人才和资金紧密联系起来，建立了以企业为主体、市场为导向的经营机制，为进入的企业提供了全方位的指导和服务，在很大程度上有利于入驻企业资源的利用。

③ 将科技转化为生产力　孵化器的宗旨是以市场为导向，促进高新技术成果商品化、商品产业化、产业国际化，为解决科技和经济脱节提供有效手段。孵化器的这一宗旨正与企业的经营目的相契合，有利于入驻企业做大、做强。而企业孵化器对于大学生创业者也是一个很好的选择。

（2）初创企业的经营与管理

初创企业的经营与管理，主要包括战略管理、内控管理、人力资源管理、财务管理和营销管理这五个方面。

① 战略管理　"不谋万世者，不足谋一时；不谋全局者，不足谋一域。"战略管理关系到企业的生死存亡，它不仅仅是战略的分析和制定，更注重战略的实施，战略管理体现在企业的日常经营活动中。战略的分析、选择、实施和评估既是战略制定的步骤，更是战略管理的重要内容。正确管理战略制定的过程，可以确保战略的有效性、可行性和可接受性。

初创企业在战略制定过程中应坚持五项原则，如表4-6所示。

表4-6　初创企业战略制定的五项原则

原则	内容
与环境相适应原则	战略的制定应充分进行宏观环境、中观环境及微观环境的分析。战略制定不能脱离环境，应及时关注环境的变化
全程管理原则	战略是一个过程，包括战略的制定、实施与评价。每一步都是前后呼应、彼此联系的，任何一步的孤立都会影响整个战略的科学性
全局管理原则	战略管理是站在整个企业的高度，而不是针对某一部门或某一层管理者。它是各部门和全体员工共同为之奋斗的目标
全员参与原则	战略管理的全局性和战略制定的全局性，要求企业所有员工都参与到战略的管理和实施中来
反馈修正原则	战略管理跨度大，战略目标实现时间久，在此期间，企业外部和内部环境的变化不可避免，这就需要不断对战略进行调整和完善

② 内控管理　"千里之堤，毁于蚁穴。"企业内部的控制和管理对企业的生存和发展至关重要，及时发现企业内部管理的不当和风险，可能会扭转企业在市场上的地位。内部控制简称内控，贯穿企业运营的全过程。内控管理是一个过程，强调的是手段和措施，而不是结果。

代表内控研究的发展方向，国际上内控研究的权威组织COSO提出了初创企业内控管理的五大要素，具体解释如表4-7所示。

表4-7　初创企业内控管理的五大要素

要素	具体内容
控制环境	包括员工的诚信度、职业道德、才能管理哲学、经营风格、权责分配方法、人事政策、董事会的经营重点和目标等
风险评估	风险评估指识别、分析相关风险以实现既定目标，从而形成风险管理的基础
控制活动	主要包括审批控制、授权控制、职责分工控制，查证、核对、复核经营业绩及资产保护等
信息和沟通	指及时处理企业内部产生的信息，还包括与企业经营对策和对外报告相关的外部事件、行为和条件等
监控	检查、监督内控制度、流程执行情况；提交相应的检查报告及相应的解决措施

③ 人力资源管理　人力资源管理是初创企业管理内容的重要组成部分，特别是在新经济时代和知识主宰的今天，人力资源管理发挥着越来越重要的作用。创业者有必要学习和了解关于人力资源管理的知识。

人力资源管理建立在企业战略管理基础之上，运用现代化的科学方法和管理理论，最大限度地吸引、保留、激励、调控和开发所需的人才，最终实现企业的战略目标。

初创企业的人力资源管理主要包括人力资源规划、招聘与配置、培训与开发、绩效与薪酬、员工关系管理五大模块，如图4-9所示。

④ 财务管理　财务管理是创业者的"左膀右臂"。研究发现，许多初创企业倒闭的原因就是财务管理不善、坏账太多、流动资金短缺等问题。加强财务管理，对于改善企业的经营有着不可小觑的作用。

初创企业财务管理主要包括五个方面的内容，如表4-8所示。

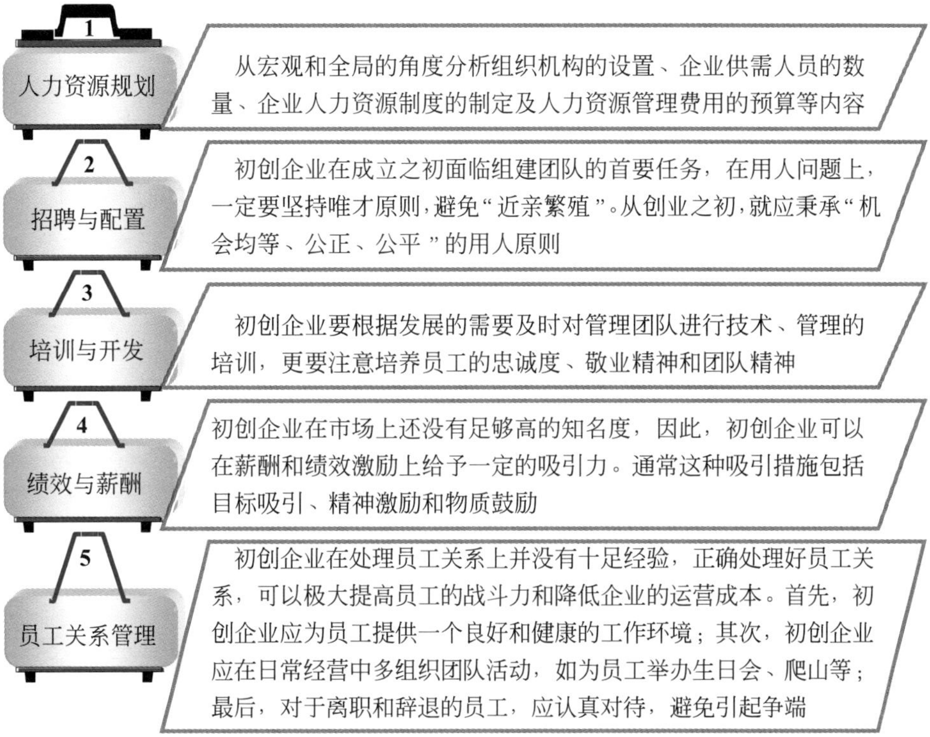

1 人力资源规划
从宏观和全局的角度分析组织机构的设置、企业供需人员的数量、企业人力资源制度的制定及人力资源管理费用的预算等内容

2 招聘与配置
初创企业在成立之初面临组建团队的首要任务,在用人问题上,一定要坚持唯才原则,避免"近亲繁殖"。从创业之初,就应秉承"机会均等、公正、公平"的用人原则

3 培训与开发
初创企业要根据发展的需要及时对管理团队进行技术、管理的培训,更要注意培养员工的忠诚度、敬业精神和团队精神

4 绩效与薪酬
初创企业在市场上还没有足够高的知名度,因此,初创企业可以在薪酬和绩效激励上给予一定的吸引力。通常这种吸引措施包括目标吸引、精神激励和物质鼓励

5 员工关系管理
初创企业在处理员工关系上并没有十足经验,正确处理好员工关系,可以极大提高员工的战斗力和降低企业的运营成本。首先,初创企业应为员工提供一个良好和健康的工作环境;其次,初创企业应在日常经营中多组织团队活动,如为员工举办生日会、爬山等;最后,对于离职和辞退的员工,应认真对待,避免引起争端

图 4-9 初创企业人力资源管理的五大模块

表 4-8 初创企业财务管理的五项内容

名称	具体内容
资金筹措	企业在不同发展阶段对资金都有着不同需求,要确保企业资金的到位,就必须做好资金的筹措工作
投资管理	负责企业的对外投资并协助做好投资项目的"成本-收益"分析,同时负责外部投资机构对本企业投资的分析和调查报告
利润分配	正确分配利润,一方面满足企业扩大再生产的可能,另一方面满足员工生存发展的要求
资金管理	做好企业现金的收入和支出、股票的买卖、债券的管理
信用管理	制定信用制度,及时偿还银行借款,催收企业应收账款

⑤ 营销管理　如何将产品推向市场是初创企业成功的关键和成长的前提。营销策略中被广泛采用和接纳的是 4P 营销策略和 4C 营销策略。

初创企业4P营销策略，如图4-10所示。

1 产品策略（Product）

　　主要是指企业以向目标市场提供各种适合消费者需求的有形和无形产品的方式来实现其营销目标。其中包括与同产品有关的品种、规格、式样、质量、包装、特色、商标、品牌以及各种服务措施等可控因素的组合和运用

2 价格策略（Price）

　　主要是指企业以按照市场规律制定价格和变动价格等方式来实现其营销目标，其中包括对同定价有关的基本价格、折扣价格、津贴、付款期限、商业信用以及各种定价方法和定价技巧等可控因素的组合和运用

3 渠道策略（Place）

　　主要是指企业以合理地选择分销渠道和组织商品实体流通的方式来实现其营销目标，其中包括对与分销有关的渠道覆盖面、商品流转环节、中间商、网点设置以及储存运输等可控因素的组合和运用

4 促销策略（Promotion）

　　主要是指企业以利用各种信息传播手段刺激消费者购买欲望，促进产品销售的方式来实现其营销目标，其中包括对与促销有关的广告、人员推销、营业推广、公共关系等可控因素的组合和运用

图 4-10　初创企业 4P 营销策略

初创企业 4C 营销策略，如表 4-9 所示。

表 4-9　初创企业 4C 营销策略

4C 名称	具体内容
顾客（Customer）	企业必须首先了解和研究顾客，根据顾客的需求来提供产品
成本（Cost）	不仅指企业的生产成本，也指顾客的购买成本
便利（Convenience）	为顾客提供最大的购物和使用便利，具体通过售前、售中及售后服务让顾客在购物的同时，也享受到便利
沟通（Communication）	企业应与顾客进行积极有效的沟通，在沟通中建立双方基于共同利益的企业-顾客关系，并找到能实现各自目标的途径

（3）企业可持续发展壮大

企业在创业初期，完成了原始积累，具备了一定规模之后，就要向更高层次过渡。进行企业规范化管理，制定发展规模目标，培养和发展企业核心竞争力，建立企业文化系统，确保企业实现可持续发展。

4.3.4　思维创新与方法创新

"创新是一个民族进步的灵魂，一个国家兴旺发达的不竭动力。"创新是指为了一定的目的，遵循事物发展的规律，对事物的整体或其中的某些部分进行变革，从而使其得以更新与发展的活动。

共同事业创建人约翰·加德纳认为，每个问题都是一个绝佳的隐藏着的机会。联邦快递创立者弗雷德·史密斯说过，如果你想创建一家企业，那就去参加一个聚会去聆听。你将听到人们的抱怨。每一个抱怨都等于一种需求、一个问题、一种真空。满足它，解决它，填满它——这就是你的企业。

测试一下：在一次回馈公司 VIP 客户的聚会上，你听到有人聊天："我这个朋友啊，从小娇生惯养，不会也不愿意学做家务，她闻到炒菜时的油烟味就想吐，擦地时弯腰一会儿就腰酸腿疼。她下个月就要结婚了，可怎么办啊？"你能够想到的创业项目是什么？

如果你的公司是做教育培训的，是否可以考虑增加一个准新娘培训项目？

如果你的公司是生产家用电器的，是否可以考虑研发一款扫地机器人？

创新需要有创新能力来支撑实现。创新和创新能力相辅相成，创新是创新能力的外在表现，创新能力是创新的基础和前提，两者缺一不可。下面主要介绍思维创新和方法创新。

4.3.4.1 思维创新

创新思维是一切产生崭新内容的思维形式的总和。凡是能想出新点子、发现新例子、创造出新事物的思维都属于创新思维。这是对事物间的联系进行前所未有的思考，从而创造出新事物的思维方法。

创新思维具有五个明显的特征：积极的求异性、敏锐的观察力、创造性的想象、独特的知识结构以及活跃的灵感。

创新思维具体可以分为六种思维：发散思维、收敛思维、想象思维、联想思维、逻辑思维和辩证思维等。

（1）发散思维

发散思维是指在人的思维过程中，无拘束地将思维由一点向四面八方展开，从而获得众多的解决问题的设想、方案和办法的思维过程。发散思维，形象描述就是从问题对象和问题中心出发，各种思维好像多束光线一样向外发射。每一种思维都是由问题中心出发，但各种思维之间没有逻辑上的联系，互相的转换不是直接的。

发散思维本质上是一种非逻辑的思维方式，所以，发散思维所捕捉到的思维目标有可能远离头脑中已有的逻辑框架而具有新意，成为一个新的创新萌芽。因此，发散思维在创新活动中具有重要意义。

（2）收敛思维

收敛思维又称集中思维，是一种寻求唯一答案的思维，其思维方向总是指向问题中心。与发散思维相反，收敛思维在解决问题的过程中，总是尽可能地利用已有的知识和经验，把众多的信息和解决问题的可能性逐步引导到条理化的逻辑链中去。

（3）想象思维

想象思维是人脑通过形象化的概括作用对脑内已有的记忆表象进行加工、改造或重组的思维活动。它是形象思维的具体化，是人脑借助表象进行加工操作的最主要形式。

（4）联想思维

联想思维是指在人脑内记忆表象系统中由于某种诱因使不同表象发生联系的一种思维活动。联想思维和想象思维可以说是一对孪生姐妹，在人的思维活动中都起着基础性的作用。

联想思维是在创新过程中运用概念的语义、属性的衍生、意义的相似性来激发创新思维的方法，是打开沉睡在头脑深处记忆的最简便和最适宜的钥匙。

（5）逻辑思维

逻辑思维是在理性认识的过程中，借助概念、判断、推理等思维形式以抽象和概括的方法来反映事物本质的思维活动和思维方式。

逻辑思维的一般作用体现在四个方面，具体包括：

① 有助于人们正确认识客观事物；

② 可以使人们通过揭露逻辑错误来发现和纠正谬误；

③ 能帮助人们更好地去学习知识；

④ 有助于人们准确地表达思想。

（6）辩证思维

辩证思维指的是按照辩证逻辑的规律，即唯物辩证法的规律进行的思维活动。辩证思维是高级的思维活动，它依据唯物辩证法来认识客观事物，揭露事物内部的深层次矛盾，从哲学的高度为人们提供世界观和方法论。辩证思维在创新活动中起着突破性、统帅性、提升性的作用。

4.3.4.2 方法创新

方法创新即创新技法，是创新思维的外显形式。创新技法可分为组合技法、设问检查法、逆向转换型技法、分析列举型技法、智力激励法等。

（1）组合技法

组合技法就是指按照一定的技术原理或功能目的，将现有的科学技术原理或方法、现象、物品做适当的组合或重新安排，从而获得具有统一整体功能的新技术、新产品、新形象的创新技法。

一般认为，发明创造大致有两条基本途径：一条是原创性的发现和发明，另一条是把已有或已知的事物进行组合。

（2）设问检查法

设问检查法是以提问的方式寻找发明的途径，从不同的角度，多方面来进行设问检查，对拟改进创新的事物进行分析。先针对细节问题展开提问，再进行分类、删减和汇总，使问题具体化，以缩小需要探索和创新的范围。

（3）逆向转换型技法

逆向转换型技法是以逆向思维的方式进行创新的开发思维。人们将通常思考问题的思维反转过来，以悖逆常规、常理或常识的方式去寻找解决问题的新路径、新方法。逆向思维可以挑战习惯性思维，克服心理定式，在理论创新、技术创新、产品创新上有突出的作用。

（4）分析列举型技法

分析列举型技法，简称列举法。列举法就是把与创新有关的方面一一列举出来，然后探讨能否改革、怎样改革，最后实现改革，通常分为特性列举法、缺点列举法与希望点列举法。

① 特性列举法就是通过对需要改进的对象进行观察分析，尽量列举该对象的各种不同特征或属性，然后确定应改善的方向和办法。

② 缺点列举法是从列举事物的缺点入手，找出现有事物的缺点和不足之处，然后再探讨解决问题的方法。

③ 希望点列举法是从人们的希望出发而进行创新的方法。这是一种不断提出希望（怎么样才会更好）的理想和愿望，进而探求解决问题和改善对策的技法。

希望点列举法不同于缺点列举法。后者是围绕现有物品找缺点提出改进设想，这种设想不会离开物品的原型，故为被动型创造技法。而希望点列举法是从发明者的意愿提出的各种新设想，它可以不受原有物品的束缚，所以是一种积极主动的创造技法。

（5）智力激励法

智力激励法又称为头脑风暴法、脑轰法、畅谈会法、群论法，就是通过特殊的专题会议形式，使与会成员之间智力互激、思维共振，从而达到产生大量新设想的目的。

智力激励法的实施需要遵循四项原则才能达到预期的目的，如图4-11所示。

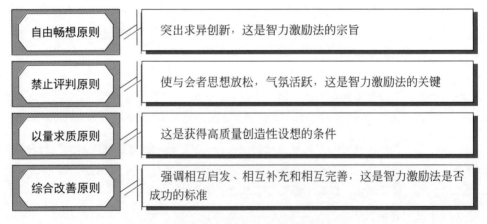

图4-11 智力激励法实施的四项原则

第5章
职业生涯规划工具的运用

5.1 成为更好的自己

本章介绍的职业生涯规划工具包括职业价值观测试、自我管理技能、知识管理技能、SWOT决策分析法和职业生涯行动计划等。

5.1.1 职业价值观测试

职业价值观是支配个体职业生涯规划行为的总指挥，是个人职场行为、工作态度和职业素质的基础。在同等条件下，不同职业价值观的人会表现出不同的行为和态度。通过职业价值观测试，可以了解自己的职业价值观倾向。这对职业选择、个人能力提升等均有重要的作用，可以使个人在处理问题上更加成熟、理智和客观，更快走向职业巅峰并持续时间更久。

不同学者对职业价值观类型有不同的划分，比如，罗克奇的两类价值观系统、斯普兰格六种职业价值观，以及格雷夫斯的七等级职业价值观、日本学者的九类职业价值观等。

（1）美国社会学家罗克奇的两类价值观系统

罗克奇的两类价值观系统，如图5-1所示。

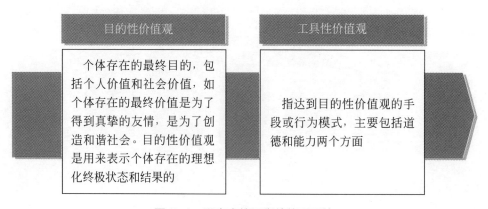

图 5-1　罗克奇的两类价值观系统

罗克奇职业价值观调查表包括18项目的性价值观和工具性价值观，在每种价值观后有一段简短的描述。该量表可测得不同价值观在被测试者心中的相对重要程度，大家不妨尝试一下，如表5-1所示。

表 5-1 罗克奇职业价值观调查表

序号	目的性价值观	工具性价值观
1	舒适的生活：富足的生活	雄心勃勃：辛苦工作、奋发向上
2	振奋的生活：刺激的、积极的生活	心胸开阔：开放
3	成就感：持续的贡献	能干：有能力、有效率
4	和平的世界：没有冲突和战争	欢乐：轻松愉快
5	美丽的世界：艺术和自然的美	清洁：卫生、整洁
6	平等：表现为兄弟情谊、机会均等	勇敢：坚持自己的信仰
7	家庭安全：照顾自己所爱的人	宽容：谅解他人
8	自由：独立、自主的选择	助人为乐：为他人的福利而工作
9	幸福：满足	正直：真挚、诚实
10	内在和谐：没有内心冲突	富于想象：大胆、有创造性
11	成熟的爱：性和精神上的亲密	独立：自力更生、自给自足
12	国家的安全：免遭攻击	智慧：有知识、善思考
13	快乐：快乐的、休闲的生活	符合逻辑：理性的
14	救世：救世的、永恒的生活	博爱：温情的、温柔的
15	自尊：自重	顺从：有责任感、尊重的
16	社会承认：尊重、赞赏	礼貌：有礼的、性情好
17	真挚的友谊：亲密关系	负责：可靠的
18	睿智：对生活有成熟的理解	自我控制：自律的、约束的

（2）德国教育学家斯普兰格的六种职业价值观

斯普兰格的六种职业价值观，如图5-2所示。

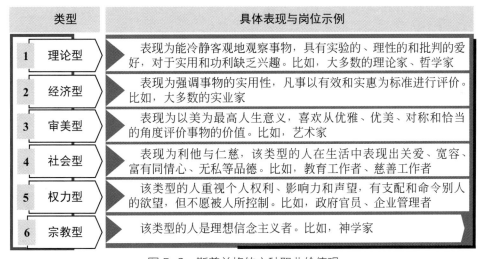

图 5-2 斯普兰格的六种职业价值观

5.1.2 自我管理技能

不同类型的工作对从业者有不同的技能要求。

从事销售工作的人应具有良好的沟通、协调和人际交往能力、应变能力、适应能力、情绪控制能力和客户关系管理能力也十分重要,个性表现为乐观、热情、健谈、耐挫。

从事财务工作的人应具备良好的判断力、决策力和金融预测力,有专业资格认证和良好的职业道德,个性表现为细心、精准、谨慎、原则性强。

从事人力资源和行政工作的人应具备良好的人际沟通能力、适应能力、全面细致的分析能力,熟悉行政人事管理的专业知识和相关的劳动法规,工作中应热情、可信、细致耐心。

生产操作岗位的从业人员应具有时间管理能力、熟悉生产流程、操作能力强、反应灵敏、具备安全生产知识,有认真、负责任的工作态度。

自我管理技能代表了一个人的特质,是一个人最有价值的资产,也往往是通往成功所必需的重要品质。

然而,如何进行自我管理呢?

第一步:想象一下自认为最能够代表自己的五个词语。

第二步:在自我管理技能词汇列表(表5-2)中圈出最符合自己的五对自我管理技能的词语。

第三步:多打印几张自我管理技能词汇列表,请家人、同事或朋友参与进来,让他们圈出他们认为最符合你的五对词语。

第四步:把自己和别人所选的词语加以比较,就可以知道自己在他人心目中的形象与自己心中的形象是否一致了。

第五步:最后,把比较一致或者圈的频率较高的五对词语写在纸上,贴在墙上。

表 5-2 自我管理技能词汇列表

幽默	正直	好奇	合作	耐心	细致	慎重	认真	可靠
负责	谦虚	直爽	随和	成熟	果断	平和	独立	慷慨
灵活	友好	真诚	镇定	投入	高效	勤奋	敏捷	积极
主动	豪爽	勇敢	忠诚	现实	执着	坦率	清晰	机智
大度	坚强	聪明	稳重	渊博	朴实	有条理	想象力丰富	坚忍不拔

续表

活泼	善解人意	敏锐	公正	宽容	乐观	热情	善良	感性
明智	坚定	机灵	亲切	踏实	严谨	冷静	可靠	开朗
理性	周详	客观	有创意	有激情	有远见	有抱负	头脑开放	诚实
善于观察	吃苦耐劳	足智多谋	自信	精力旺盛	多才多艺	彬彬有礼		

5.1.3 知识管理技能

美国《商业周刊》的调查显示，在158家跨国公司中，有80%的企业正在着手建立正规的知识管理系统。其实，早在1996年，麦肯锡公司的领导者拉吉特·古普塔就曾断言，随着科技的进步和时代发展，麦肯锡公司将面临更加严峻的挑战，如何管理好麦肯锡公司在全球84个分支机构的7000多名咨询专家，有效整合知识资源，并使组织高效率、更好地满足客户的需要，已变得越来越复杂。

比如，麦肯锡把知识管理的重点放在了对隐性知识的发掘、传播和利用上。尽管麦肯锡的很多咨询专家在工作中形成的许多创造性的见解和方案均已成文，并发表于诸如《哈佛商业评论》等影响广泛的学术性期刊、杂志和报刊上，还有一些畅销著作出版，但是，相对于公司内大量有价值的经验和深邃的学术思想而言，这些只是"冰山一角"。更多的经验和思想则作为隐性知识存在于专家们的头脑中，没有被整理成文，也没有在公司内交流与共享。

为了解决这个问题，麦肯锡创办了一份内部刊物，专门供那些拥有宝贵经验却又没有时间和精力写成正式论文或著作的专家们，把他们的思想火花发表出来与同人共享。这种做法既降低了知识交流和传播的门槛，又便于知识的系统管理与长久传承。

那么，到底何为知识管理？需要管理哪些知识？又如何进行管理呢？

美国生产力和质量中心（APQC）进行了权威界定，知识管理（Knowledge Management，KM）应该是组织一种有意识采取的战略，它能够保证在最需要的时间，将最需要的知识传送给最需要的人。这样可以帮助人们共享信息，并将其通过不同的方式付诸实践，最终达到提高组织业绩的目的。被誉为知识管理"奠基之父"的卡尔-爱立克·斯威比博士认为，知识管理是利用组织的无形资产创造价值的艺术。

企业中存在九类宝贵知识，需要专人专门进行专业管理，如图5-3所示。

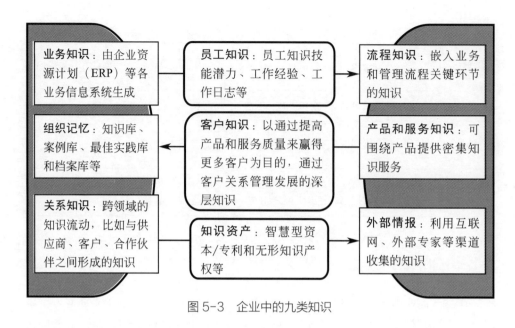

图 5-3 企业中的九类知识

知识管理是未来人力资源管理的核心,是建设学习型组织的最重要手段之一。知识管理的六种主要组织形式,如图5-4所示。

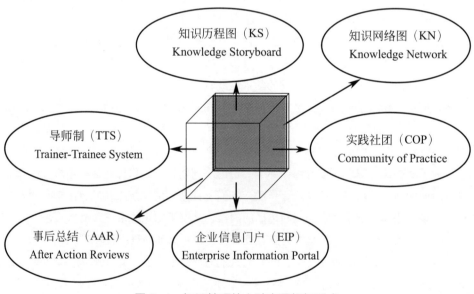

图 5-4 知识管理的六种主要组织形式

5.1.4 SWOT决策分析法

SWOT决策分析法是一个应用广泛的战略分析工具,用在个人职业生涯规划方面也是一种测试个人技能、能力、职业机会和兴趣的有效工具。其中S代表Strength（优势），W代表Weakness（弱势），O代表Opportunity（机会），T代表Threat（威胁）。其中，S、W是内部因素，O、T是外部因素。

如果你对自己做个细致的SWOT分析，你就会很明了地知道自己的个人优点和弱点在哪里，并且你会仔细地评估出自己感兴趣的不同职业道路的机会和威胁所在。

在进行职业生涯定位或决策时可以运用SWOT决策分析法来对优势、劣势、机会、威胁四个维度进行分析，通过这样矩阵式的分析来明确自己的职业选择。

SWOT决策分析法的具体操作步骤，如表5-3所示。

表5-3 SWOT决策分析法六大操作步骤

步骤顺序	分析项目	具体操作内容
步骤1	自身优势	① 如果选择与自身爱好、兴趣、特长相符的职业并顺势而为，就会如鱼得水，事半功倍；否则即使再勤奋弥补，也是事倍功半 ② 可以是性格上的耐心、细致；也可以是出色的沟通能力、学习能力；也可以是形象上的外表出众、有亲和力；还可以是技能上的优势，比如办公软件应用熟练、英文流利、会多门外语等 ③ 还要综合考量个人知识技能的积累提升，既往的成功经验
步骤2	自身弱势	① 客观地剖析自己，从而扬长避短，避开那些对自身不擅长的技能要求很高的职业 ② 经验或能力方面的不足并不可怕，切忌讳疾忌医、不懂装懂、自我感觉良好；通过既往的失败经验，发现自己的不足和短板，吸取教训，避免在同一个地方再次跌倒、再次失败 ③ 可以通过询问父母、亲友、师长对自己的看法，即加上第三方证言，对自我有一个全面、立体、深刻的认识
步骤3	外部机会	从宏观上讲，包括市场经济环境、国家政策、地域规划、行业发展趋势等；从微观上讲，包括留学机会、实习机会、各种有利信息等
步骤4	挑战和威胁	① 比如市场竞争激烈、人才供给过剩、所学专业过时或不符合社会的需要、政策信息不利、受到来自家庭或其他方面的压力等 ② 面对这些挑战和威胁，不能一味回避，而应把挑战转化为机遇，在困境中寻求发展和转机
步骤5	列出职业目标	确定自己的职业定位，结合自身的职业价值偏好，列出自己最想实现的几个职业目标，包括你想在哪一城市发展，想进入哪一行业，从事哪种职业，做到什么职位等，目标设置得越具体越好
步骤6	撰写行动计划	具体到3～5年的行动计划，需要在什么样的时限内完成哪些计划。行动计划应是连贯的、切实可行的，并且在实现目标的过程中需要不断地对照纠偏、调整或完善

SWOT决策分析法可以应用于职业选择。比如，先看会计岗位的SWOT分析（表5-4），再决定你到底是否要坚定地从事与财务相关的职业吧。

表5-4 会计岗位的SWOT分析

	优势：	弱势：
内部	取得会计从业资格证和英语四级证书，在校专业知识学习扎实，准备考初级职称后再考中级职称，或者直接参加注册会计师考试 进外企的咨询公司比较容易	性格偏内向，思维不够活跃 将来面对的是大量的低技术含量的工作，做三年和做三个月不会有很大的区别 企业随时可以换掉你
外部	机会： 经济越发展，会计越重要 我国经济正处于快速发展阶段，企业越来越需要有精湛的专业知识和实操技术的会计人员 越大的企业，财务人员分工越细，人数越多	威胁： 就读会计专业的学生人数这几年来剧增，越来越多的人选择会计行业，使得这一热门行业竞争压力大 没有优秀的专业知识和能力，就找不到好的工作单位，更谈不上薪资要求

5.1.5 职业生涯行动计划

职业价值观、人生观、"三业"观这三观确立了之后，其实就有了大方向明确的职业目标。那么，就应该考虑人生和职业规划中的具体细节，制定出一个详细的个人职业发展计划。人生就是一个不断计划的过程，如果没有公司、老板和HR为你计划，你就自己来，这个计划可以是一个三年、五年的计划，也可以是一个十年、二十年的规划。

制定职业生涯行动计划的目的在于逐步提高与目标职业相匹配的能力。如何提高综合能力，如何改进不良习惯，如何培养特长，如何完善人格，如何改掉缺点，如何提高成绩，如何弥补差距，职业生涯行动计划在职业目标与现实间构建了通路。

职业生涯行动计划，无论是以一份职业生涯行动计划报告书的形式呈现，还是以几段文字表述、一张表格等加以说明，都必须考虑职业生涯的三条路线、四种类型，并绘制完成一张"V"形路线图。

（1）职业生涯选择的三条路线

① 第一条路线：回答"我想往哪一路线发展"这个问题，即通过对自己的价值、理想、成就动机和兴趣的分析，确定自己的目标取向。

② 第二条路线：回答"我能往哪一路线发展"这个问题，即通过对自己的性格、

特长、经历、学历以及专业的分析,确定自己的能力取向。

③ 第三条路线:回答"我可以往哪一路线发展"这个问题,即通过对自己所处的社会、经济、政治、组织环境的分析,确定自己的机会取向。

(2) 职业生涯发展的四种类型

① 直线式职业发展路线,是指职业生涯发展中只从事一种职业,只在这个职业的一系列职位中发展,不断学习和提高专业技能,积累经验。这种路线只有一条路径,员工在垂直方向发展,职业发展的目标就是晋升。这需要个人的努力,更需要组织的培育。

② 螺旋式职业发展路线,是指职业生涯发展中从事两种或两种以上的职业,在不同职业甚至不同行业中寻求发展,不断学习和提高多种技能,培养灵活的就业能力,成为"复合型人才""斜杠青年""三能人才"。这种路线的路径不明晰,组织提供的支持不足,主要靠个人设计,关键是满足个人的心理成就感。

③ 跳跃型职业发展路线,是指职业生涯发展中职务等级或职称等级不是逐级提高,而是越级晋升。走跳跃型职业发展路线,可用较短的时间到达较高的职业高度。但这种路线不是一种普遍适用的路线,需要个人特别地努力,或抓住特殊的机会。

④ 双重型职业发展路线,是指有两条可以相互跨越的职业发展路线,组织成员可自行决定其职业发展的方向。走双重职业发展路线的多为专业技术人员,他们可以从技术生涯路线和管理生涯路线中选择一条最适合自己兴趣和能力的职业发展路线,以减少改变职业路线的成本。

(3) 职业生涯行动计划"V"形路线图的绘制

典型的职业生涯行动计划路线图是一个"V"形图。比如,一个人22岁大学毕业后即参加工作,即V形图的起点就是22岁,尔后以起点向上发展,V形图的左侧是行政管理路线,右侧是专业技术路线。将路线分成若干等分,每等分表示一个年龄段,并将专业技术的等级、行政职务的等级分别标在路线图上,作为自己的阶段性职业生涯目标,即可绘制出一张专属于你自己的职业生涯行动计划"V"形路线图。

5.2 运用协作工具融入团队带好团队

在专业化越来越精细、竞争越来越激烈的今天,只靠一个人的力量是无法面对千头万绪的工作的。团结一心,其利断金,团队合作总好过单枪匹马。只有发挥团队作用，才能创造更大价值。下面将介绍如何通过复盘、述职、沟通、冲突管理、工作改善、时间管理和系统思考等方法融入团队并带好团队。

5.2.1 工作复盘与述职报告

每一次工作复盘与述职报告，都是一次回顾与总结，都是一次团队融合度的检验，都是一次自我提升或者转变的机会。你应该询问自己：干得好，继续吗？干得不好，跳槽吗？无论如何，下一步怎么办？

"复盘"，原是围棋术语，本意是指弈者下完一盘棋之后，重新在棋盘上把对弈过程摆一遍，看看哪些地方下得好，哪些地方下得不好，哪些地方可以有不同甚至是更好的下法等。复盘是一种学习方法，更是一种行为习惯，现在被广泛应用于各个领域。工作复盘即指在项目或工作阶段性完成或结项后进行推演，旨在总结工作或项目中的优劣表现，从而在未来面对同样的情况时能采用更好的策略方法，更好地解决问题，从而取得更好的成绩。

复盘最初作为创业型企业的一个工具，具有很强的操作性，联想公司把复盘作为重要的方法论推广，是为了搞清楚在企业的每次行动中，导致成功或失败的真正原因是什么，不断总结企业的根本规律，积累"联想人"的经验，不断提高能力。

对标联想公司的工作复盘方法，具体操作有四个步骤，需要具备五种态度，如图5-5所示。

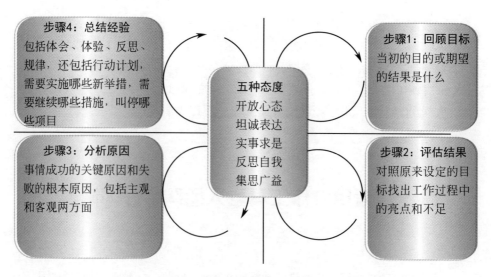

图 5-5　联想公司工作复盘的四个步骤和五种态度

述职报告是在工作复盘的基础之上进行的。所谓述职报告,得先干好,再写好,还要演讲好。其中,写是关键,撰写的内容及编制的流程体现着述职者的思维方式和思维习惯。在写作时应注意主体部分内容的系统性与针对性,逻辑思维的主导原则和撰写的顺序。

一般而言,无论什么类型组织的业绩考核与评价,考查、选用人才的标准,德、能、勤、绩、廉,五个方面都少不了。

其中,德为首和纲,包括政治品德、伦理道德、职业道德和心理品德。能为胜任工作的基本条件,包括一般能力和特殊能力。勤为担负工作的基本要求,包括积极性、纪律性、责任心和出勤率。绩为工作优劣的集中体现,包括工作指标上的绩、效率上的绩、效益上的绩和方法上的绩。廉是工作的道德操守,主要考核执行国家清正廉洁的有关规定和严格要求自己的情况,比如,《华为EMT自律宣言》,还要考核有无违纪现象,自身修养如何,爱好是否健康向上,能否积极参加一些公益活动、自觉抵制不健康行为,能否遵纪守法、克己奉公、廉洁自律等。

那么,以个人工作实践为基础事实依据,述职报告中德、能、勤、绩、廉如何阐述,可以用五个问题来概括,如图5-6所示。

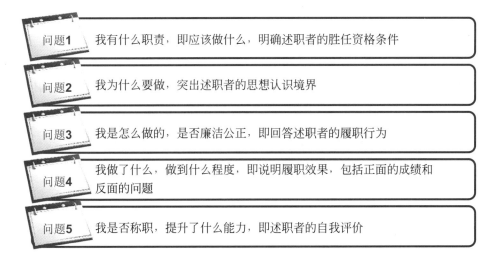

图5-6 述职报告中的五个主要问题

德、能、勤、绩、廉五个方面有着密切的关系,可以说德是统帅、能是将领、勤是士兵、绩是战果、廉是保障。一般说来,绩,尤其是工作成绩,是在德、能、勤、廉的相互作用下,在改造客观世界的过程中获得的物质和精神成果,德、能、勤、绩、廉缺一不可。但是,这五个方面的撰写在流程上应当注意顺序安排,如图5-7所示。

99

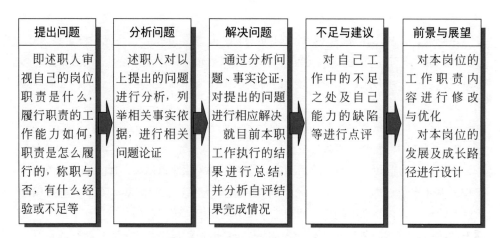

图 5-7　述职报告撰写的五步流程

5.2.2　无缝沟通与冲突管理

无缝沟通是指可以使双方或团队沟通者之间更加贴近，无距离感产生，从而使情感、想法等信息等得到有效传递、接收和反馈的沟通。无缝沟通极易引起沟通双方的共鸣，达成默契，最终针对业务目标达成合作协议。

从本质上讲，无缝沟通包括正式沟通与非正式沟通，语言沟通与非语言沟通，单向沟通与双向沟通，书面沟通与口头沟通，以及上行沟通、下行沟通与平行沟通，即是一种全方位的沟通模式。高效无缝沟通的实施过程，就是从发送者到接收者的信息传播过程。高效无缝沟通实施模型，如表 5-5 所示。

表 5-5　高效无缝沟通实施模型

信息发送者	信息传播过程	信息接收者
刺激产生	信息由发送者开始，通过渠道，通过周围环境传到接收者	刺激物被接收
对刺激物做出解释		对刺激物做出解释
决定是否要做出反应		决定是否要做出反应
选择行动		选择反应
发出信号		接收信号
希望信息被完好地发送		希望信息被准确地接收

然而，现实情况不容忽视，无论沟通做得多么到位，都有可能因为方方面面的利益纠葛，而产生不可避免的冲突。所以，在一个人整个职业生涯的路途中，尤其是在融入团队的过程中，往往伴随着一次又一次冲突的发生与处理。冲突管理的效果，直

接影响团队的稳定性和业绩的高低,甚至影响团队中每一位成员的职业生涯。

具体而言,沟通双方的行为通常表现为两种,即合作性行为和武断性行为。合作性行为是力图满足对方愿望的行为,越努力满足对方的愿望和要求,合作性也就越强。武断性行为力图满足自己的愿望,越想让对方满足自己的愿望和要求,武断性就越强。当沟通双方同时存在武断性行为时,便发生了冲突。

管理沟通冲突通常包括六个步骤,如图5-8所示。

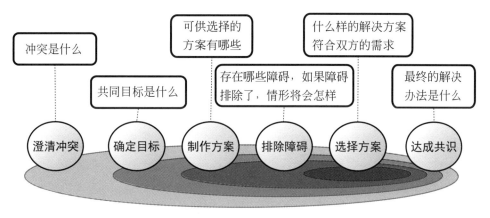

图5-8 管理沟通冲突的六个步骤

按照托马斯·基尔曼的冲突处理模型来看,针对沟通冲突行为的解决办法通常有五种,即竞争、合作、妥协、回避和迁就,如图5-9所示。

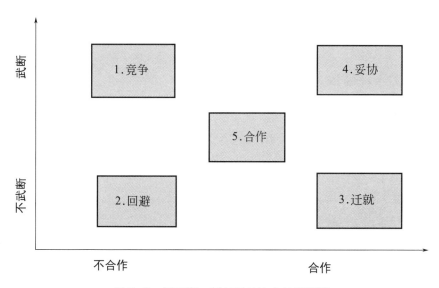

图5-9 托马斯·基尔曼的冲突处理模型

（1）竞争

竞争是由于沟通双方都采取武断行为所形成的。竞争的行为表现为正面冲突和对抗，高度武断、高度不合作，牺牲他人目标，不愿承担责任，只顾胜负、曲直，不顾冲突带来的后果。鉴于竞争带来的种种不良后果，解决沟通冲突问题不宜采取竞争方式。

（2）回避

回避即是不合作也不武断，忽略冲突，双方不发生正面对抗。采取回避方式解决冲突通常源于得过且过，各守职责，沟通不畅，缺乏共同的团队目标等。因此，解决沟通冲突不宜采取回避方式。

（3）迁就

迁就者表现出高度的合作精神，不武断，抚慰对方，愿意做出牺牲，但不是彼此信任，而可能是迁就方不想得罪人，有迁就的余地。一般武断方则认为自己没有错。

（4）妥协

共同放弃，共同分享利益，没有输赢，双方能达成基本目标，使冲突得到缓解。

（5）合作

希望满足双方利益，双方目标均得到实现，相互支持，信任且十分合作。双方找出都能获益的方法，相互尊重与信任，冲突得到完全缓解。合作的双方都能设身处地为对方着想，都能事先沟通，且双方都有较强的责任心，以完成团队目标为目标。

所以，沟通时运用合作法，问题可以被事先预防或消灭在萌芽中，得到彻底解决或根除，双方工作目标均得到实现，团队价值得到提升。

5.2.3　工作评估改善法

初入职场的新员工或者调整新岗位的老员工，都是从没经验、不熟练、越忙越出错，到能用心观察、发现问题所在、分析原因，再到逐步改进、完善，最后能够达到做过的越做越熟练、没做过的也不慌乱的境界，因为已经摸索出规律，具有"一看就知道如何着手"的能力。

在这个过程中，出错并不可怕，怕的是反复犯同样的错误，怕的是说了三遍没改进。所以，工作评估改善法就有了用武之地。

5.2.3.1　找到工作评估改善的差距

所谓差距，即特定岗位工作对实际知识、技能、能力及经验等的需求，与职场新人或新任者现有知识、技能、能力及经验之间的差距，也就是主管期望的工作状况及绩效与职场新人或新任者目前实际完成的工作状况及绩效的差距。

工作评估改善的差距可用图5-10直观表示。

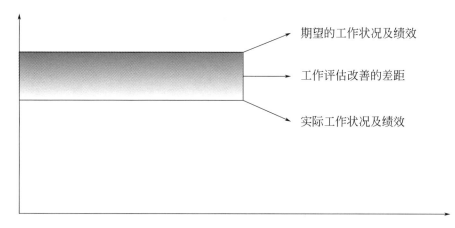

图 5-10　工作评估改善的差距

5.2.3.2　工作改善量化评估表的设计

工作改善量化评估表，是进行工作改善量化评估的常用工具之一，如表5-6所示。

表 5-6　工作改善量化评估表

项目名称		项目实施时间	
评估对象		评估对象所在部门	
岗位名称		评估时间	
评估人		审核人	
评估项目	量化指标	培训前数据	培训后数据
数据相关说明	需要说明的内容应包括： ① 培训前/后数据各指哪个阶段的数据 ② 数据的其他影响因素		
评估人意见及签章	（签章）　　　　　日期：_____年____月____日		
审核人意见及签章	（签章）　　　　　日期：_____年____月____日		

5.2.4 时间管理矩阵

时间管理矩阵，是指把时间按其紧迫性和重要性分成四类形式，以图示要点规划时间与工作关系的时间管理工具。彼得·杜拉克认为，有效的管理不是从一个人的任务开始，而是从他的时间开始的。时间管理矩阵的四个象限，如图5-11所示。

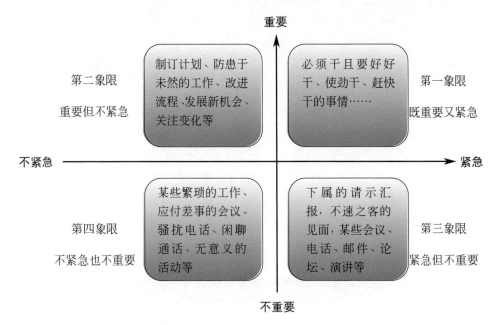

图 5-11 时间管理矩阵的四个象限

高效用好时间管理矩阵，可以通过以下六个步骤进行。

① 每天下班前写下你明天要做的几件最重要的事情。

② 用不同颜色的笔和数字标明每件事情的重要性和先后次序。

③ 根据每一个行动方案的重要性和紧迫性，将所有方案填入时间管理矩阵的四个象限中，并进行对比分析。

④ 第二天早上的第一件事情就是开始做第一项，直至完成或达到标准要求。

⑤ 然后开始完成第二项、第三项……

⑥ 每天都要这样做，直到养成良好的任务分配与时间管理的习惯。

5.2.5 系统思考法

5.2.5.1 什么是系统思考法

很多时候，对于一件事，人们只看到表面现象而看不到表面现象背后的东西。系统思考，不是片面思考、碎片化思考，也不是单一思考、垂直思考，而是纵观全局，看清事件背后的结构及要素之间的互动关系，并主动进行解构和建构的思维能力。

我们不妨通过蝴蝶效应和青蛙现象来感觉、分析、体会一下。

（1）蝴蝶效应

蝴蝶效应是气象动力学家洛伦兹在建立地球天气计算机模型时发现的。他多次用十二个方程组成的一个方程组进行计算，得出了一个空气流蝴蝶状的计算机模型。1979年12月29日在华盛顿的美国科学促进会主办的一次演讲中，他在现场进行了说明："可以预见，一只蝴蝶在巴西扇动翅膀，可能会在美国的得克萨斯州引来飓风。"

蝴蝶效应所描述的是对初始条件有敏感依赖性的事件，这在现实职场中是广泛存在的。或者说，有些小事可以糊涂，但是，有些小事如果经过系统转化就会被放大，对一个企业甚至一个国家都会带来重大影响。对于一个人一生的职业规划而言也是同理，一定要保持清醒的头脑，凡事做决策前先进行系统的思考。

（2）青蛙现象

青蛙现象，是一项科学实验。人们把一只青蛙扔进沸腾的水里，青蛙非常敏捷地一下跳了出来，没有被煮死。随后，人们又把这只青蛙放进一只装了温水的大铁锅里，并在锅底点上小火。可以看到，这只青蛙感觉暖洋洋的，很舒服。温度在逐渐升高，而它毫无感觉，仍然悠然自得。直到温度已经升得很高了，青蛙才开始感到烫，但是它体内的能量已经耗尽，肌肉已经僵硬，所以它跳不出来，就被煮死了。

这个实验告诉我们，一些突变事件往往容易引起人们的警觉，然而易置人于死地的却是，在自我感觉良好的情况下，人们对实际情况的逐渐恶化没有清醒地察觉，没能及时做出反应，当感觉危机临头时，再想挽救已经来不及了。

按照系统思考的方法研究、处理事情，就应把所处理的事物看作一个大体系，不仅要看到其中的各个组成部分、相关的子系统，还要看到这些组成部分、子系统之间的相互影响与作用，并以整体的角度协调和处理系统中的人、事、物、数据、资源和信息。如果你经过训练养成系统思考的思维模式，就会在职业生涯的全程受益匪浅。

5.2.5.2 系统思考的五种理念

系统思考，不是盲人摸象式地只看到局部而看不到整体，不是井底之蛙式地将局部当作整体，也不是只见树木不见森林式地只会解决表面问题而不能标本兼治、做到根除。

要系统思考，就要做到遇事秉持五种理念。

① 整体理念　将个人放入组织中，将组织放入社会中，才能够实现整体思考。时刻谨记：你是公司的一员，你的一言一行都代表着公司的形象，你要谨言慎行。

② 联系理念　世界上的任何事物都存在着不同形式的普遍联系，并且这种联系

会使其相互之间产生不同的作用。客户投诉，可能有几个原因：是生产的产品不合格，还是销售人员的承诺没有兑现，还是……

③ 变化理念　任何事物都不是绝对静止的，而是不断发展变化的。试用期处理过同样的问题，今天客户又来纠缠，却不能用同样的方法解决了。而且市场也在变化，已经不同于三个月前了，所以不能以相同方法简单处理。

④ 制衡理念　任何一种事物的变化，都不是孤立进行的。它既要受到其他事物发展变化的影响，又对其他事物的发展变化产生影响。公司中部门之间沟通有障碍，可能是"部门墙"又厚又硬的原因，必须懂得借助老板的权威解决棘手的问题。

⑤ 有序理念　构成事物的各部分之间不是同一的，而是存在差别的，这种差别是保证系统正常运行的重要前提。公司里上下级有别，新人老人有别，同岗不同酬，机会不均等，这也是很正常的。

第 6 章
岗位标准与晋级能力分析

6.1 六个岗位三类标准分析与设计

6.1.1 岗位胜任资格标准分析

胜任资格，指的是员工从事特定岗位工作所需具备的履行职责的能力证明。胜任资格标准体系，是从员工履行工作职责需要具备的基本胜任能力或称职的角度出发，梳理出来的能够创造关键绩效的行为导向的定性表述，或者结果导向的、定量的、可以衡量的工作标准、工作规范、考核标准的系统。

岗位胜任资格分析，简单说，就是阐明什么样的人能够干好岗位职责清单中的工作。其实，除了医生、工程师、律师等岗位需要专业的技能，职场中的大部分岗位并不要求具备什么特殊的才干或天赋。但是，科班出身的人找工作的"敲门砖"更硬，日后的发展在基础上更有优势。所谓标准，就是大部分企业普遍认可的尺度，比如学历、上岗证书、基本素养等。

所以说，大部分遵循"人岗匹配"原则的岗位，在学历、知识、经验、能力、技能和素养这六大方面，还是对候选人或晋级者有具体要求的。下面就以销售经理和市场经理这两个岗位的胜任资格标准为例来对标提升职场晋升能力吧。

6.1.2 标准范例：销售经理岗位胜任资格标准

销售经理岗位胜任资格标准范例，如表6-1所示。

表6-1 销售经理岗位胜任资格标准范例

胜任项	胜任子项	具体要求
学历	学习形式	☑全日制 □函授 □自考 □夜大
	学历层次	□博士 □硕士 ☑本科 □专科 □高职高专 □中专
知识	专业知识	工商管理、市场营销等相关专业知识
	业务知识	① 了解本企业相关产品知识 ② 了解本企业的销售渠道 ③ 具备熟练的销售技能和技巧

续表

胜任项	胜任子项	具体要求
知识	基础知识	熟练掌握公司法、合同法、直销法相关法律法规
经验	工作经验	五年以上销售及销售管理工作经验
经验	培训经历	① 在工作期间参加过行业的产品知识培训 ② 参加过销售人员考核激励管理办法的培训 ③ 参加过销售技能和技巧的培训
能力	基础能力	具备基本的计算机操作能力、办公软件操作能力
能力	通用能力	具备很强的人际交往能力和沟通能力，还需具备组织协调能力、应变能力
能力	管理能力	具备很强的决策能力、目标管理能力、团队建设能力、激励能力
技能	上岗技能	具备营销师资格
技能	业务技能	具备很强的关系网建立能力、渠道管理能力、市场拓展能力、商务谈判能力、客户关系管理能力
素养	自身素养	具备很高的主动性，精力充沛、责任心强，有很强的自我约束能力
素养	职业素养	具有很强的成就欲、客户服务意识、诚信意识、忠诚度、廉洁自律性

6.1.3 标准范例：市场经理岗位胜任资格标准

市场经理岗位胜任资格标准范例，如表6-2所示。

表6-2 市场经理岗位胜任资格标准范例

胜任项	胜任子项	具体要求
学历	学习形式	☑全日制　□函授　□自考　□夜大
学历	学历层次	□博士　□硕士　☑本科　□专科　□高职高专　□中专
知识	专业知识	企业管理、市场营销、广告学、市场策划、公共关系等专业知识
知识	业务知识	① 了解不同类型的客户及本行业的发展状况 ② 具有公共关系开发与维护的知识

续表

胜任项	胜任子项	具体要求
知识	基础知识	熟悉公司法，掌握公司相关行业的行业标准及产品知识
经验	工作经验	五年以上市场营销工作经验
	培训经历	参加过本公司或大型企业的市场推广、策划的培训
能力	基础能力	熟练运用Word、Excel、PowerPoint等办公软件及Photoshop等设计软件
	通用能力	具有较强的沟通能力、组织协调能力、创新能力及应变能力
	管理能力	具有较强的决策能力、目标管理能力、团队建设能力
技能	上岗技能	具备市场管理员资格
	业务技能	具有市场导向能力、市场策划能力及关系网建立能力
素养	自身素养	有学习意识和团队意识
	职业素养	认同本公司的企业文化，具有较高忠诚度、自律性、敬业精神

6.1.4　岗位工作任务标准分析

岗位工作任务，简单说，就是一个岗位之所以被设置或存在的价值。每个岗位的任务都是部门经理或项目负责人提前确定好的，而且，一个岗位的任务设定还会考虑其上一级岗位或下一级多个岗位，形成一个岗位体系。每个岗位的任务必须饱满，不能超载或欠载，否则会造成人浮于事，或者加班也完不成任务，从而引发员工离职。所谓任务标准，就是用专业的术语说明一个岗位有哪些事务和验收的规格等。

可以说，每个岗位的工作事项都是比较明确的，完成工作的过程是有依据和规范要求的，并且，每个岗位都应该呈现不同的量化工作结果及目标。下面就以质量经理和客服经理这两个岗位为例来设计其工作任务标准，以供读者参考。

6.1.5　标准范例：质量经理岗位工作任务标准

质量经理岗位工作任务标准范例，如表6-3所示。

表 6-3 质量经理岗位工作任务标准范例

工作事项	工作依据与规范	工作成果及目标
1. 部门工作计划	上一年度质量数据、本年度质量计划目标、质量计划编制规范	① 部门工作计划编制周详、有开创性 ② 年度质量计划达成率为____%
2. 质量改进	上一年度质量改进数据、本年度质量改进方案、质量改进目标	① 及时编制质量改进方案 ② 年度质量改进目标达成率为____%
3. 质量控制	上一年度质量控制数据、质量检查数据、质量事故分析报告、本年度质量控制计划	① 下车间巡检____次/天以上 ② 质量事故及时处理率达到____%以上
4. 质量投诉处理	上一年度质量投诉分析报告、本年度质量投诉控制计划、质量投诉处理规范	① 质量投诉处理及时率达到____% ② 年度质量投诉控制计划达成率为____%
5. 质量培训	上一年度质量培训报告、培训数据、本年度质量培训计划、质量培训规范	① 及时编制质量培训计划 ② 年度质量培训计划达成率为____%

6.1.6 标准范例：客服经理岗位工作任务标准

客服经理岗位工作任务标准范例，如表 6-4 所示。

表 6-4 客服经理岗位工作任务标准范例

工作事项	工作依据与规范	工作成果及目标
1. 客户服务规划	企业经营方针、营销战略、企业销售目标、产品市场占有率、客户群的特点	① 服务计划完成率达到____% ② 客户服务规划方案一次性通过率达到____% ③ 客服费用控制率达到____%
2. 客户投诉处理	客户投诉的方式及渠道，产品使用、维修知识，客户服务标准，服务工作流程，投诉处理办法	① 投诉处理及时率达到____% ② 客户意见反馈及时率达____% ③ 客户投诉解决满意度评分达到____分

续表

工作事项	工作依据与规范	工作成果及目标
3.大客户管理	大客户开发计划、大客户服务方案、大客户资格审核流程、大客户服务管理制度、大客户关系维护制度	① 大客户满意度达到____分 ② 大客户流失率控制在____%
4.客户关系管理	客户的名单、电话、地址等信息，客户接待管理规定，客户回访管理制度，客户关系维护的工作流程	① 客户服务满意度达到____分 ② 客户有效投诉次数少于____次 ③ 客户回访率达到____%
5.客户信息管理	客户信息的来源及渠道、客户信息管理系统使用规定、客户信息处理办法	客户信息完整、准确
6.客服人员管理	客服人员日常管理规定，客服人员绩效考核管理办法，客户人员考核标准，服务质量标准	① 培训计划完成率到____% ② 员工绩效考核平均得分达到____分以上

6.1.7 岗位成果业绩标准分析

岗位成果业绩，简单说，就是针对人岗匹配效果的考核。这个人干了这些事，干得怎么样，具体要看数量、质量、效率、效果等评估指标。所谓标准，就是大小、多少、高低等具体数值，一般会量化为多少件，合格率多少，效率高低等评估尺度。

一般而言，每个岗位的成果业绩都是可以量化的，都有具体明确的评估指标、权重设计和评估标准。下面就以生产经理和车间主任这两个岗位为例来设计其成果业绩标准，以供读者参考。

6.1.8 标准范例：生产经理岗位成果业绩标准

生产经理岗位成果业绩标准范例，如表6-5所示。

表 6-5 生产经理岗位成果业绩标准范例

结果项目	评估指标	权重/%	评估标准
财务控制	生产总产值	10	① 考核期内生产部门创造的总价值 ② 目标值____万元，每低____万元，减____分
财务控制	生产成本下降率	10	① 生产成本下降率 = $\dfrac{\text{上期生产成本} - \text{本期生产成本}}{\text{上期生产成本}} \times 100\%$ ② 目标值____%，每低____%，减____分
生产运营	产量计划完成率	15	① 产量计划完成率 = $\dfrac{\text{实际完成的产量}}{\text{计划完成的产量}} \times 100\%$ ② 目标值____%，每低____%，减____分
生产运营	劳动生产效率	5	① 劳动生产效率 = $\dfrac{\text{产出数量} \times \text{标准工时}}{\text{日工作小时} \times \text{直接人工数量} - \text{损失工时}} \times 100\%$ ② 目标值____%，每降低____%，减____分
生产运营	出厂产品抽样合格率	10	① 出厂产品抽样合格率 = $\dfrac{\text{抽样产品合格数}}{\text{抽样产品总数}} \times 100\%$ ② 目标值____%，每降低____%，减____分
生产运营	生产交期达成率	10	① 生产交期达成率 = $\dfrac{\text{交货期无误次数}}{\text{交货总次数}} \times 100\%$ ② 目标值____%，每降低____%，减____分
生产运营	安全事故发生次数	10	① 考核期内生产过程中发生安全事故的次数 ② 目标值 0 次，每发生____次，减____分
生产运营	设备完好率	10	① 设备完好率 = $\dfrac{\text{完好生产设备的数量}}{\text{生产设备的总数量}} \times 100\%$ ② 目标值____%，每低____%，减____分
客户管理	产品质量有效投诉率	10	① 产品质量有效投诉率 = $\dfrac{\text{客户有关产品质量的有效投诉数}}{\text{客户有关产品质量的投诉数}} \times 100\%$ ② 目标值____%以下，每高出____%，减____分
部门管理	培训计划完成率	5	① 培训计划完成率 = $\dfrac{\text{实际完成的培训次数}}{\text{计划完成的培训次数}} \times 100\%$ ② 目标值____%以上，每低____%，减____分
部门管理	核心员工流失率	5	① 核心员工流失率 = $\dfrac{\text{核心员工流失人数}}{\text{核心员工总数}} \times 100\%$ ② 目标值____%以下，每高出____%，减____分

6.1.9 标准范例：车间主任岗位成果业绩标准设计

车间主任岗位成果业绩标准范例，如表6-6所示。

表6-6 车间主任岗位成果业绩标准范例

结果项目	评估指标	权重/%	评估标准
车间生产任务	车间生产任务完成率	20	① 车间生产任务完成率 = $\dfrac{\text{车间实际生产产品的产量}}{\text{车间计划生产产品的产量}} \times 100\%$ ② 目标值____%，每低____%，减____分
车间生产成本	生产成本下降率	15	① 生产成本下降率 = $\dfrac{\text{车间计划成本} - \text{实际发生的成本}}{\text{所管辖车间计划生产成本}} \times 100\%$ ② 目标值____% 以上，每少____% 减____分
车间产品质量	废品率	15	① 废品率 = $\dfrac{\text{车间产生的废品数}}{\text{不合格品数} + \text{合格品数} + \text{废品数}} \times 100\%$ ② 目标值____% 以下，每高____%，减____分
	返工率	10	① 返工率 = $\dfrac{\text{返工（返修）产品的总数量}}{\text{总的生产数量}} \times 100\%$ ② 目标值____% 以下，每高____%，减____分
	因质量问题投诉次数	10	① 客户因车间生产产品质量原因而导致的有效投诉次数 ② 目标值____次以内，每多____次，减____分
车间安全管理	安全事故损失额	10	① 所管辖车间出现安全事故造成的损失额度 ② 目标值____元，每超出____元，减____分
车间设备管理	车间设备故障时间	10	① 所管辖车间出现累计停产时间 ② 目标值____小时，每多____小时，减____分
车间员工管理	车间员工技术考核合格率	10	① 员工技术考核合格率 = $\dfrac{\text{通过技术考核的员工数}}{\text{参加技术考核的员工数}} \times 100\%$ ② 目标值____% 以上，每低____%，减____分

6.2 八类通用晋级能力分析与提升

包括上述6.1中提到的六个岗位在内，岗位胜任资格、岗位工作任务、岗位成果业绩都是有标准的，而且是提前确定好的，也可以说选拔候选人的指标和标准体系是定好的。所以，职场人士如果想快速升职加薪，就必须具备做好岗位工作任务的晋级能力。晋级能力的概念和外延很广泛，大家各有各的认知或不同界定范围。

在这里，我们梳理了八类通用晋级能力进行分析，如图6-1所示。

图6-1　职场八类通用晋级能力

6.2.1　术业专攻能力

其实，职场中的不少工作在很多时候都是你能做，他也能做，就看领导分派给谁了，尤其是既不难做又能获得晋升机会的项目。所以，"术业有专攻"只有你做得比别人好很多，你才有机会得到展现个人能力的工作任务，完成得好就晋升了。

各个专业的综合职业能力与素质培养策略，见表6-7。

表6-7　各个专业的综合职业能力与素质培养策略

专业领域	相关行业（企业）	技能与素质培养策略
会计 公司会计 税收 审计 信息系统 管理咨询 普通会计 成本会计	会计事务所 政府机构 银行以及其他金融机构 非营利性组织 卫生保健行业 服务及制造型企业 咨询行业 私人企业	① 达到注册会计师或证书的标准 ② 培养一些前沿的计算机技能 ③ 通过实习获得相关的经验 ④ 熟悉其他专业的证书项目 ⑤ 培养数学能力、解决问题的能力、优秀的沟通技巧、与他人相处的能力，锻炼自己的精力以及注重细节的能力

续表

专业领域	相关行业（企业）	技能与素质培养策略
金融财务 公司财务管理 银行业 个人财务规划 房地产 保险业 货币管理	银行以及其他金融机构 理财机构 保险公司 房地产经纪人或中介机构 政府机构 企业	① 上一些传统的课，比如数学、统计学、会计学来培养坚实的计量技能 ② 培养坚实的人际沟通能力 ③ 培养注重细节的能力 ④ 通过实习或暑假兼职工作来获得经验 ⑤ 加入有关金融财务领域的学生职业社团
通识经管类专业 管理 销售 营销 保险 银行业 人力资源	零售店 酒店及餐馆 银行以及其他金融机构 保险公司 政府机构 非营利性组织 自己创业	① 通过加入学生组织来培养领导能力 ② 通过实习或兼职来获得相关领域的经验 ③ 发展一个你可以和雇主沟通的清晰的职业生涯目标
管理 综合管理 人力资源 办公室系统 经营 生产管理 质量控制	零售以及其他服务行业 制造型企业 政府机构 非营利性组织 银行以及其他金融机构 酒店及餐馆 卫生保健行业	① 培养坚实的人际沟通能力 ② 在学生组织中获得领导角色 ③ 通过实习或兼职工作来获得相关领域的经验 ④ 在操作管理上获得一些统计或计算机系统管理方面的能力培训
营销 销售零售 客户关系 采购 银行业 市场研究 品牌管理	营利与非营利性组织 产品和服务性组织 制造型企业 保险金融机构 印刷以及电子媒介 零售行业 咨询公司	① 通过工作和实习来获得销售经验 ② 培养你的人际沟通能力 ③ 展现你旺盛的精力 ④ 获取领导经验 ⑤ 获取 MBA 学位，从而能够进行品牌管理、咨询及研究
交通与物流 行程安排 计划及规章制度 运输管理 物料管理 客户咨询服务 采购 第三方物流	输送机、铁路、航空公司 水利运输行业 制造公司 存储、分配中心 公共交通系统 政府机构 军队 软件咨询公司	① 通过工作和实习来获得销售经验 ② 通过学习和工作培养信息技术、分析能力、计量能力 ③ 通过加入学生组织获得领导经验 ④ 培养决策能力 ⑤ 学会在团队里工作，能与各种各样的人相处

6.2.2 高效执行能力

无数的人拥有卓越的智慧，但是只有少数执行力强的人才能获得成功。

戴尔公司董事长兼首席执行官迈克尔·戴尔说："执行力就是在每一个阶段、每一个环节力求完美，切实执行。"

IBM前CEO郭士纳说："执行是按质按量地完成任务。"

联想创始人柳传志说："所谓执行力是选拔合适的人，让他在合适的岗位上工作。"

微软联合创始人比尔·盖茨："未来十年，微软最大的挑战是执行力。"

华为董事长任正非："领导力的实质是执行力加上有效的管理，凡是战略，都要专注，凡是执行，都要坚持。"

MBA智库百科：执行力（Execution），指的是贯彻战略意图，完成预定目标的实际操作能力。它是企业竞争力的核心，是把企业战略、规划转化成为效益、成果的关键。

在职场中，人之所以有优秀与一般之分，在于优秀者更有实现构想的能力，这就是一个人的执行力，而不是更有思想。

所谓执行力，就是将战略规划落到实处，是一门如何完成任务的学问。通俗地说，执行力，就是保质保量地完成自己的工作和任务的能力。质与量，缺一不可。再难得的机遇，再新颖的思路，再鼓舞人心的目标，离开了强执行力都将是空中楼阁、水中月亮。具备高效执行能力的人才有三个特点。

（1）百分之一百地负责任

优秀的执行人才在经历、学识、智慧与性格上可能完全不一样，唯一相同的是他们都有一个共同的"基因"：对自己负责！他们会做一个对自己100%负责的人。因为责任是领导力的"DNA"。也就是说，他们做事：

① 没有假如，不活在臆想和后悔中，勇敢面对，做出最佳行动；
② 没有借口，不把出现的问题推给别人和环境；
③ 只要结果，愿意承担失败的后果。

（2）坚决的信守承诺

承诺是给自己的！承诺分为六个等级，测测你在哪个等级，如图6-2所示。

其中，第六个等级的承诺，才是执行力的真正保证。

（3）成果导向

成果是交换得来的！如果不能为企业提供成果就是对企业的"犯罪"。

成果导向是指为自己及所属的机构和具体的责任岗位设立目标，并努力提高工作效率和绩效，岗位上的个人希望出色地完成任务，愿意从事具有挑战性的工作。这种人在工作中有强烈表现自己能力的愿望，不断地为自己设立更高的标准，努力不懈地追求事业上的进步。

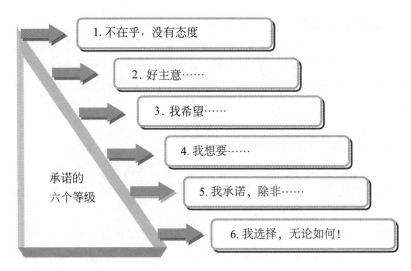

图 6-2 承诺的六个等级

6.2.3 多向沟通能力

所谓"得道多助，失道寡助"。求上进的职场小伙伴要想顺利晋级，除了自身具备一定的技术能力之外，还必须得到领导上级、同事平级、部属下级的支持，这就需要练就向上信息沟通、平行信息沟通和向下信息沟通的多向沟通能力。

6.2.3.1 向上信息沟通

一般来说，工作中与上级的信息沟通主要包括四种方式，即接受指示、汇报工作、商讨问题和表达意见，如表6-8所示。

表 6-8 向上信息沟通的四种方式

序号	沟通形式	具体内容说明
1	接受指示	在接受上级的命令和指示时，要注意如下几点： ① 沟通之前，与上级确认沟通的时间、地点 ② 接受指示时，要事先问一问相关的内容，以便做好充分的准备 ③ 认真倾听，身体前倾，表示兴趣 ④ 不要担心上司觉得自己理解能力差，要多发问 ⑤ 对指示进行反馈，让上司就重要问题进行澄清和确认 ⑥ 不要急于表达观点，即使自己对上司的指示有异议，也不要急于反驳，可以等上司把话说完，按照上司的思路，以假设的口吻提出异议

续表

序号	沟通形式	具体内容说明
1	接受指示	⑦ 不要在接受指示时与上司进行讨论和争辩,以免因为考虑不周,对问题阐述不清,说服不了上司,反而引起上司不快,但可以把自己疑惑的问题概括出来,并让上司确认时间、地点
2	汇报工作	向上级汇报工作时应客观、准确,不要带有突出个人和自我评价的色彩,避免引起上司的反感。汇报时应注意的要点如下: ① 精简。对上司汇报工作不要渲染,上司一般会从任务完成的速度和质量方面来评价员工能力;不要带着邀功的心态,也不要极力强调工作难度 ② 有针对性。汇报的内容要与上司原来的指示、计划和期望相对应,避免文不对题和浪费沟通双方的时间 ③ 补充事实。在汇报完后,一般上司会给予评价,其评价就是一种反馈,从中可以知道上司对哪些地方不是很清楚,可以补充介绍,或提供补充材料,加深上司对所汇报工作的全面了解
3	商讨问题	① 商讨问题应注意针对事件而不是个人,应本着开放、平等和互动的原则进行沟通,注意对重大事情事先进行约定,不要勉强上司进行讨论 ② 对于有关问题的商议,应该给出具体的执行计划和操作重点,并对问题解决的注意事项进行说明和分析,让上级做选择题
4	表达意见	① 在向上级表达不同意见时,应确切、简明、完整,重点突出,不拖泥带水 ② 要注意摆正自己的心态,不要与上司进行辩论

6.2.3.2 平行信息沟通

企业内部同事之间的平行信息沟通不同于公关活动,也不同于谈判活动,应该以"互通有无、争取配合"为主要目的,应该直截了当,简明扼要,如表6-9所示。

表6-9 平行信息沟通的方法与技巧

序号	沟通方法与技巧	具体内容说明
1	沟通从工作出发	如果需要沟通,可能是对方对正在进行的工作重视不够,或是对上级的安排理解不透,妨碍了工作顺利进行,所以同事沟通一定要着眼于实际工作
2	遵循制度流程	一般企业制度或管理流程对相关工作责权分配及程序是有规定的,职场小伙伴必须遵循各司其职、各负其责的原则开展工作

续表

序号	沟通方法与技巧	具体内容说明
3	开门见山，找准沟通对象	征询对方是否有时间进行沟通，一旦确定对方时间上允许，就可以直截了当地提出沟通议题、期盼，然后等候对方回应
4	征询对方意见	虚心听取对方的意见，了解对方对所沟通的工作不配合的原因或存在的困难，或者是对方有了更好的完成任务的创意，正等商议。听取对方意见时，不宜随意打断对方讲话，以免分散对方的注意力、影响对方表达
5	提出个人建议	待对方陈述个人意见或建议之后，如果觉得对方言之有理，除了完全接受之外，还要提出个人的见解，商议解决问题的最优方法和措施
6	听取对方反馈	认真听取对方的反馈，一是让对方把思路调整到建议方向，二是在情感上表达对对方的尊重，让对方转变观念、接受相关意见和建议

6.2.3.3 向下信息沟通

有效的向下信息沟通可以使下属权利配合和支持自己的工作，促进你工作顺利和业务操作事半功倍。反之，如果在与下属沟通中出现一些错误或纰漏，则会使工作难以正常进行。

常见的向下信息沟通的语言错误类型，主要包括发号施令型、傲慢无礼型、讽刺挖苦型和隔靴搔痒型四种，应该尽量避免，具体如表6-10所示。

表6-10 向下信息沟通常见的语言错误类型

类型	类型划分	示例
发号施令型	命令	你的任务就是好好听我说。不许辩解，没有任何借口，按照我说的去做就行了
	威胁	如果你们这次再完不成指标，我就要扣掉你们全年的奖金
	强加于人	昨天为什么没有完成任务？是不是没有照我的话去做？你知道如何来安排工作程序吗？非要让我一一告诉你吗
	过度忠告	如果我是你，肯定不会像你这么做。以后给我记住：一定要先对本地的人员进行招聘，人员配置不齐再招聘外地人员

续表

类型	类型划分	示例
傲慢无礼型	训诫	你可是人力资源管理专业毕业的啊,应该知道人力资源规划和业务计划的区别吧?否则你得重回学校学习。你应该很清楚,在上级面前应该怎样说话
	标记	我发现公司里一有麻烦,总有你的份!我早就知道你不行,因为你太懒惰,太随意,我看你永远也改不好了
	揭露	你心里想什么我还不知道,在我面前你别想玩什么花招!说几句认错的话就想蒙混过关?其实是害怕我在会议上公开批评你吧?可我今天偏要公开批评你
讽刺挖苦型	暗示	你讲话的水平可真是高啊,看来以后我的位置该让给你来坐了……临近年底了才完成了60%的培训任务,但是你还不着急,真是胸有成竹啊,看来名牌大学毕业的学子就是能力强啊,我自愧不如
	中伤	你的年度招聘工作报告写得太好了,我的水平太差,实在看不懂!你以为你是×××吗?不要自以为懂得很多了
隔靴搔痒型	空口安慰	不要太难过了,太阳每天都会再重新升起的,明天你就会好起来……不要着急,你还年轻,人生之路长着呢……回去休息休息,明天一切都会好起来的
	泛泛之辞	总体来看,你基本上还算是一个比较合格的员工……我也不知道对你说什么好,你自己好自为之吧……总之你需要发扬优点,改正缺点

6.2.4 文案写作能力

不是经常听人说起吗?干得好,不如说得好;做得好,不如写得好。当然,我们认为,在职场中,首先得在工作圆满完成的基础之上,再提说得好、写得好。

文案写作在职场中无处不在。比如,日常工作中职场新人常用到的通知、会议纪要、部门规章制度等的写作,主管及以上岗位经常用到的调研报告、工作汇报、述职报告三个常用文案的写作,以及项目建议书、结项报告、微信文章、软文、专栏文章、发言稿和各种PPT的写作。职场人士必须进行务实的、可操作性的训练,以提升自己的文案写作能力。

(1)文案写作能力七步提升法

文案写作能力七步提升法助力你快速成为写作大咖,即读、悟、改、练、推、敲、润。写作是"精读"出来的，写作是"彻悟"出来的，写作是"修改"出来的，写作是"演练"出来的，写作是"琢磨"出来的，写作是"斟酌"出来的，写作是"润色"出来的。做好以上七步，能够快速提升写作能力。

（2）理论联系实际搭建写作知识体系

细分职场文案写作的种类、流程、技巧、禁忌、写作内容要求等，层层分解，环环相扣。同时，力争将写作理论与实际需要相结合，写出工作中的重点和亮点，既能够确保掌握写作新方法，又促使改变写作的盲目性和文字堆砌习惯。

（3）从一个词、一句话进行务实的写作训练

避免违反职场文案的行文原则，避免要素不全、无的放矢，避免空洞无物、繁缛冗长，避免动名乱搭、似是而非，避免因循守旧、八股陈调，避免唯书唯上、文过饰非，避免一文多事、报请混杂，避免张冠李戴、校对出错，避免……以上也就是指写作的负面清单。简单一句话，就是做得好，也要写得也好，如果需要发言，还需要进行演讲训练！

6.2.5 业务创新能力

华为公司创始人任正非曾说过："下一步人力资源的改革，欢迎懂业务的人员上来。因为人力资源如果不懂业务，就不会识别哪些是优秀的干部，也不会判断谁好谁坏，就只会通过增加流程节点来追求完美。我们现在录用一个员工，像选一个内衣模特一样，挑啊挑，可结果不会打仗。我们要的是战士，而不是完美的苍蝇。"

也就是说，不懂业务的HR录用员工，就像是在挑选内衣模特，挑了很久，选了很久，看学历、看经历，甚至看外貌，最后还是录用了花架子，并不是公司需要的人才，也不是任正非眼里的"战士"和"奋斗者"。

如果说华为要求HR等职能部门的员工都得懂业务，那么，一家公司的其他部门、其他岗位的员工也应该懂，要熟悉公司的产品、提供的服务，以及商业模式、盈利点等。也就是说，业务创新人人有份，不仅仅营销部门、销售市场人员要懂业务，包括技术、研发、生产、人力资源、财务和行政等部门员工都得懂。换言之，公司全员之力倾情打造的产品和服务才会有更多的买家和客户。

所以，职场的小伙伴人人都要具备业务创新能力。业务创新能力的分析和提升一定要切换视角，追求结果，转变思维，量化步骤。首先，设立岗位工作任务的优先级，紧急又重要的事情先做；然后，分析自己的技能差距，补短板，从客户需求角度，重新定义专业技术和业务重点；同时，注重奖励、表达感谢；还有，坚持阶段性的复盘，采用先进的技术和管理模式，并设立改进标准。

业务创新能力提升的前提和基础是快速了解和熟悉业务，在日常工作实践中，包括深度全程参与部门或项目级别例会，参加业务培训，学习、借鉴专业领域的经验，观看视频或上网课，与部门负责人、技术专家、业务老手等岗位员工交流，以及与相关业务上下游人员保持无缝沟通，从多个角度了解专业技术、业务流程和管理流程。

业务创新能力的分析与提升要做到三种创新，包括原料物料创新、工具手段创新和管理水平创新，如图6-3所示。

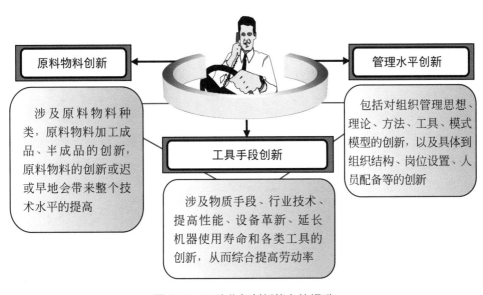

图6-3　三种业务创新能力的提升

6.2.6　讨价还价能力

在职场中，"老板，我要涨工资！"大多数人嘴里每每想蹦出这几个字，内心却往往变得气短。谈加薪是一门涵盖了心智比拼与胆量比拼的技术活儿。但与其拐弯抹角，不如掌握以下正确的方法，在老板面前，硬气地提出加薪砝码，勇敢地和老板讨价还价！尔后再技巧地与下属讨价还价。

要知道老板是生意人，能省一分是一分，能主动给你涨工资的老板还是少数的。所以，涨工资这种事情，还是需要你主动的。但是，如何让老板明白应该给你涨工资呢？可参考下面的内容。

（1）三条判断标准

首先，先要明白自己是不是真的应该涨工资了，自己有没有涨工资的资格。有以下三条判断标准，即三个问题的思考：

① 老板是否超过一年没给你加薪了？
② 你的薪水是否低于同行业的平均薪酬水平？
③ 如果你离开现在这家公司，在同行业中是否一定能很快地找到更好的工作？

（2）三个真的不要

如果以上三条都是"是"，那么，你就可以找老板要求加薪。但是，要求加薪，以下三点一定不要做。

① 不要威胁老板　找老板加薪，千万不要来硬的，说什么如果不加薪，我就怎样。每一个老板都反感威胁自己的员工。记住，没有无法被替代的员工，只有走了很可惜的员工，但这不等于无法被替代。

② 不要做不恰当的对比　譬如说，你的秘书比我工资都高得多，工作量却那么少，等等。或者说谁的工资比我高多少，他凭什么？你这么说是在侮辱老板的智商，因为工资是他定的。

③ 不要哭穷　即使你明天吃不上饭了，也不是你应该加薪的理由。加不加薪是根据你为老板创造的价值而定的，而不是你有多穷。你可以与老板谈自己的付出，这些付出为公司创造了哪些价值，自己将来可能为公司做的贡献，最好都有数据事实给老板知道。让老板不仅看到你现在的价值，也让老板对你未来可能给公司创造的价值有一个认识。

（3）七个谈判技巧

另外，找老板加薪，要看时机，老板心情不好的时候不要去谈。也就是说，谈话时的气氛很重要。如果老板的某一句话刺激到你，也千万不要拍案而起。如果老板当时没有答应，只说考虑考虑，那就给老板考虑的时间，不要逼老板太紧。以下有七个和老板提加薪的技巧，请一定烂熟于心。

① 知己知彼　提要求前，你必须了解行业中同等职位的薪水大概是多少，以防高估了你的涨薪幅度，此举也是为了在和老板"谈判"时掌握话语权。

② 展示能力　多展现你的工作成果。别以为只需要在年终才显示出你在部门里的重要性，那样容易给老板一种他被胁迫和你邀功请赏的感觉，平日里当工作取得阶段性成果的时候，就要时刻"提醒"老板你有多重要。

③ 表达忠诚　谈判的同时表达忠诚。你的目的是加薪，而不是走人，所以无论谈判成不成功，都要含蓄地表达出对企业的忠诚，不要用辞职来威胁老板，除非你的确已经找好了下家。

④ 以退为进　如果没有勇气直接找老板谈判，不妨采用迂回战术。比如巧妙地将猎头公司正以双倍薪水挖你的消息送进老板耳朵。

⑤ 坚定直接　要开门见山，忌拐弯抹角，表达愿望要明确。既然决定提了，就不要思前想后，犹豫不决，用最直接、最明白的方式表达你的想法。

⑥ 看准时机　提出加薪的要求，最好不要等到年底总结以后，因为那时老板基本已经根据上一级拨付的预算，给每一位下属分配了薪水上浮的额度。

⑦ 曲线救国　如果你觉得自己涨薪无望，主动提出晋升的申请也是一个曲线救国的方法。当然，这一点是建立在你的工作能力、态度以及成果都符合老板期望的前提下。一般而言，升职意味着新的责任，借此得到加薪的机会也比较大。

如果你通过讨价还价的能力与老板成功谈判加薪，那么，你个人就得到了物质实惠，但更重要的是，在这个过程中，你了解了老板的想法，见识了老板的周旋，当你的下属找你谈加薪或者推卸责任、要资源时，你已经有了博弈的能力。

6.2.7　团队管理能力

在职业生涯早期，你加入一个没有明显短板的优秀团队，很重要；在职业生涯中期，你能够培养并带领一个人才济济的优秀团队，更重要。因为，这更能体现你的团队管理能力，继而向企业展现你的发展后劲。

一个人有价值，才可能带来好项目；一个团队高绩效，业务才能更好、更快地得到拓展，运营项目的团队和成员才能体现出高价值。团队决定了公司业务发展的速度，只要团队成员足够优秀，就可以在方方面面实现后发先至。团队是否可以绘制出优秀特征模型呢？答案是肯定的。优秀团队特征模型，如图6-4所示。

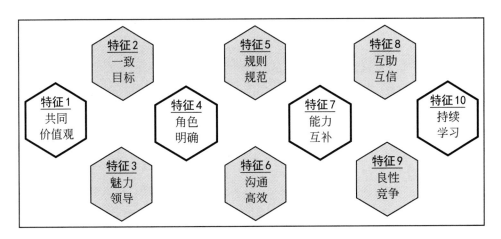

图6-4　优秀团队十大特征模型

共同的价值观是一个团队建立的基础。只有共同的价值观才能让我们自然而然地拥有共同的行为方式，才能让团队天然的高效和凝聚，这是一个优秀团队的天然基础。共同的价值观使团队拥有一致的目标，哪怕这个目标可能是阶段性的，完成当前工作，实现既定目标，是团队迈向整体目标的一个过程。在这个过程中，团队将变得更加优秀。

在一个团队中，领导人的地位和作用至关重要，一个优秀的领导人能带领团队勇往直前，直达胜利。领导人对团队的影响来源可以分为两个方面，即职务影响力和非职务影响力。其中，非职务影响力明显要更胜一筹。很多人感慨今天的年轻人不好带，其实都是因为他们习惯了依靠职务影响力来带领团队，这也是很多现代的团队领导需要改进和提升的部分。

没有规矩，不成方圆。优秀团队，角色分工必须清晰，必须清楚划定每个人的权、责、利，这样，所有人才能更好地在工作中各司其职。否则，团队将出现大量的扯皮和内斗，严重影响效率甚至让团队"死亡"。

在团队规则执行上，必须坚持公正、公开、阳光、透明的原则，奖罚严明，同时标准一致，不能因人而异。只有这样，才能真正地让人心服。只有人心服，团队才能被领导带动。没有这样的规则和执行，团队很可能就会离心离德，分崩离析。

大量的观察和统计表明，一般团队中遇到的最多的问题是沟通问题，所以一定要建立高效的沟通机制，加强团队沟通，保证言路畅通，使每个人都能表达自己的想法。这样才能让团队中的问题在早期即被发现和解决，使团队不会被一个小问题引发的大问题所颠覆。

优秀团队的成员，要能够在能力上互补，在工作中互助互信，同时建立良好的竞争机制。能力上的互补让团队在运作上能够互相配合，避免偏差，通过团队文化的建立加强互助和互信，相当于在互相配合的部件中加入润滑油，保证配合得更加默契。良好的竞争机制则让团队成员时刻保持危机感，不断提升，从而让团队整体不断升华。

最后，优秀团队区别于一般团队最本质的特征就是持续不断地学习和持续快速地进步。信息化时代，社会的进步日新月异，一天不学习，就可能更晚获悉甚至错过重大的信息，一段时间不学习可能就无法掌握行业的动向，被市场无情地淘汰。唯有不断地学习进步，才能在不断进化的社会环境中保持优势。

6.2.8　终身学习能力

据说未来职场只存在两种人：一种是忙得要死的人（因为工作和学习），另外一种是找不到工作的人。

据美国职业专家调研，现在职业半衰期越来越短，所有高薪者若不学习，无须五年就会变成低薪。就业竞争加剧与证书层次高移是学历、知识折旧的重要原因。

据人才市场统计，25周岁以下的从业人员，人均职业更新周期为一年零四个月。当10个人中只有1个人拥有电脑初级证书时，他的优势是明显存在的；而当10个人中已有9个人拥有同一种证书时，那么原有的优势便不复存在。

学习是改变现状的唯一途径,也是获得成功的关键因素。学习可以提升一个人的能力,也可以提升一个团队的能力。团队领导者的学习力提升主要是为了将自己的团队带领成更好的团队,而团队成员的学习力提升,则是为了提高解决问题的能力,达成团队目标。

学习没有"我都懂"一说,终身学习没有"到头"的概念,否则,针对每天出现的新事物、新问题,就会措手不及。在自身学习上,"吾日三省吾身",要做到"博学之、慎思之、明辨之、笃行之",提升"管事""管人"和"管己"的综合能力。要综合利用个人自学、课堂培训、教练、辅导、在岗学习、经验交流分享,以及视频网络学习、参观考察等多种方式,努力达成事半功倍的学习效果。

6.2.8.1 提高学习能力的三种方法

所有岗位的本职工作均是一项专业性强、涉及面广的复杂工作。一个优秀的职场人士,必须是一位具有广博专业知识的实干型岗位专家。一个职场人只有不断学习才能跟得上时代的步伐,然而,学习能力的提高不是一时性的、阶段性的,而是一个持续的过程。提高学习能力的具体做法,如图6-5所示。

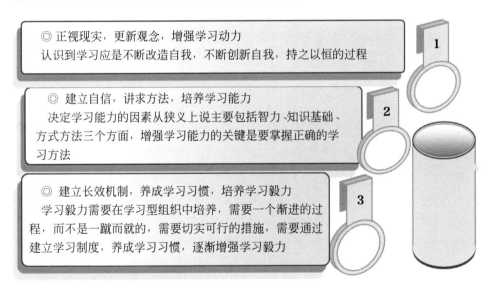

图6-5 提高学习能力的三种方法

6.2.8.2 实现知识转换的四个条件

学习必须是有目标、有选择性的,求上进的职场小伙伴要在提高学习能力的基础上,不断提高专业能力,在学习与实践中提升并完善自己。大学毕业后应该快速掌握充足的本岗位所需的专业知识,并能够用以解决工作实践中遇到的各类难题。

知识是能力的基础。求上进的职场小伙伴除了必须具备一般基本知识外，还应该具备哲学、系统论、领导科学、人才学、人力资源管理、行政管理、财务管理、组织行为学、管理学、心理学、市场营销学或经济学等多门类学科的相关知识。知识不等于能力，对于现代企业的职场精英而言，更重要的还在于将已掌握的理论知识转化为解决现实问题的能力。实现这一转化必须具备以下四个条件，如图6-9所示。

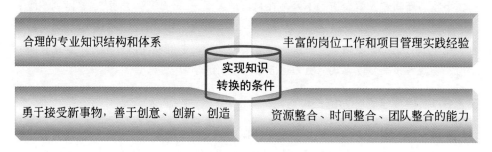

图 6-6　实现知识转换的四个条件

第7章

岗位胜任素质分析与员工职务特征要求

7.1 八类岗位胜任素质分析

胜任素质（Competency），在组织管理中是指驱动员工做出卓越绩效的一系列综合素质，是员工通过不同方式表现出来的知识、技术、能力、职业素养，及其内驱力中的自我认知、特质、动机和职业价值观等素质的集合。

哈佛大学教授戴维·麦克利兰是将胜任素质应用于实践的第一人。20世纪50年代初，麦克利兰应美国国务院邀请为之设计一种能够有效预测驻外服务信息官员是否能做出优秀绩效的甄选方法。麦克利兰采用行为事件访谈法收集第一手材料，比较分析工作表现优秀和一般的驻外服务信息官员具体行为特征的各项差异，透析并提炼出驻外服务信息官员胜任工作且能做出优秀绩效所应具备的能力素质。

胜任素质模型可以应用到企业人力资源管理的各个方面，帮助企业提高人力资源质量，提升组织竞争力，从而推进企业发展战略的实现。

基于工作分析，我们在梳理企业典型岗位所属部门职能或者岗位职责的基础之上，设计了大部分企业普遍设置的八类岗位的胜任素质，并通过建立岗位胜任素质模型的方式进行汇总分析，如图7-1所示，以便职场小伙伴提前了解企业用人的标准。在大学里学习到的专业理论知识只是基础，要想成为职场精英，还需要具体岗位对应的专业知识、技术能力和职业素养。

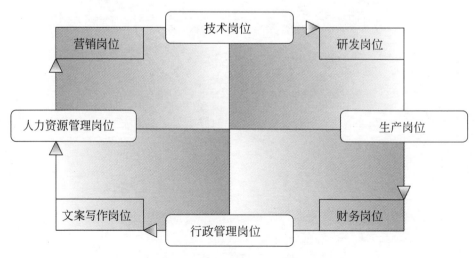

图7-1 八类岗位胜任素质模型

7.1.1 营销岗位胜任素质模型

营销行业往往被称为"最具潜力"的职业。针对营销岗位的设置,不少企业经常将其分为市场部、销售部,或将市场销售整合为营销部、营销中心。一般而言,营销岗位承担着制定市场战略与计划、市场调研与分析、市场定位与开发、产品品牌规划、营销推广和产品销售、客户管理、售后服务等职责。销售、市场、客户服务等进入门槛不高,只要肯吃苦、有毅力就能出业绩。营销最重要的是通过推销自己、建立个人品牌,与用户建立良好的关系。

对标营销部门的职能和卓越营销岗位人员的胜任行为特征,从专业知识、技术能力、职场素养和内驱力内核四个维度设计营销岗位的胜任素质模型,如图7-2所示。

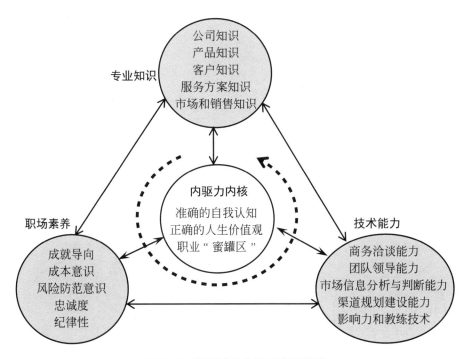

图7-2 营销岗位的胜任素质模型

7.1.2 技术岗位胜任素质模型

技术总监负责公司的产品开发和技术管理工作,以保证公司在本行业内的技术优势和持续发展能力,其主要职责如下。

① 参与制定公司的经营发展战略,拟定公司中长期研发计划,制定技术发展战略规划,把握研发方向。

② 负责公司技术管理、重大技术决策，及技术方案的编制、实施和调整工作。

③ 在技术项目实施期间，负责监控项目进展情况，及时处理各种突发事件，使项目得以顺利进行。

④ 适应公司总体发展战略，结合对技术发展分析、竞争对手策略分析、客户需求分析、自身优劣分析等结果，组建优秀的研发团队。

⑤ 负责解决项目出现的技术问题，并给予其他部门相应的技术支持。

⑥ 负责技术工艺设备、计量器具的申购和管理。

⑦ 领导并推动技术研发系统的组织建设、流程优化，建立起配置有效、均衡发展的技术研发流程，提升研发团队绩效。

对标技术岗位的职责和卓越技术岗位人员的胜任行为特征，从专业知识、技术能力、职场素养和内驱力内核四个维度设计技术岗位的胜任素质模型，如图7-3所示。

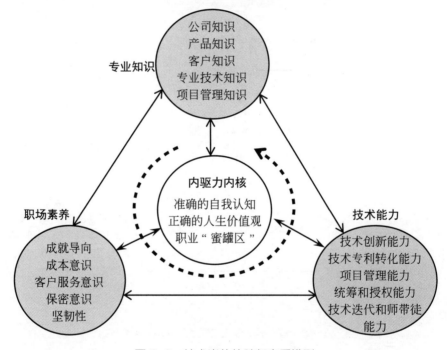

图7-3 技术岗位的胜任素质模型

7.1.3 研发岗位胜任素质模型

在知识经济时代，科学技术已经渗透到各行各业，研发人员作为科研工作的核心要素越来越受到企业的重视。研发性工作具有技术含量高和保密性强的特点，工作成果的测评和绩效的认定具有一定难度。研发人员的科研水平直接决定了企业在知识和技术层面的发展与创新竞争力。

对标研发部门的职能和卓越研发岗位人员的胜任行为特征,从专业知识、技术能力、职场素养和内驱力内核四个维度设计研发岗位的胜任素质模型,如图7-4所示。

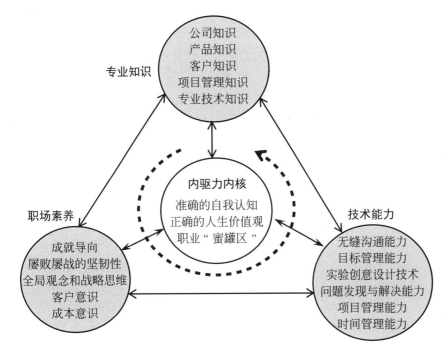

图 7-4 研发岗位的胜任素质模型

7.1.4 生产岗位胜任素质模型

生产岗位承担着对企业产品生命周期及产品质量控制等重要任务,生产负责人需要根据客户订单的要求和现有的人员、机器、设备、工具、物料、原材料等资源状况进行综合协调,以按质、按量、按时完成生产目标。

举个例子,××企业生产总监的岗位职责如下。

① 参与制定公司发展战略和年度经营计划。
② 制定、实施、调整生产战略规划,并适时进行生产调度、管理和控制。
③ 建立并完善质量管理体系,监督、检查生产过程中质量管理体系的运行情况。
④ 负责本部门生产设备的申购、维护、保养等工作,提高设备利用率。
⑤ 负责生产过程中安全管理、车间管理、质量管理、环境管理、危机管理等事宜。
⑥ 负责做好下属部门及人员的管理。

对标生产岗位的职责和卓越生产人员的胜任行为特征,从专业知识、技术能力、职场素养和内驱力内核四个维度设计生产岗位的胜任素质模型,如图7-5所示。

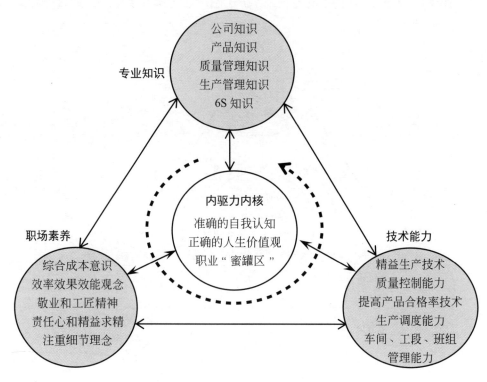

图 7-5　生产岗位的胜任素质模型

7.1.5　财务岗位胜任素质模型

对标××公司财务总监岗位的职责:

① 根据国家有关法律、法规等,主持制定企业财务工作的各项规章制度、工作程序和工作计划,保障公司合法经营;

② 负责主持制定企业的财务战略规划,并负责指导、监督其执行;

③ 负责监督、指导、调控企业财务工作,领导、督促、考核企业的会计核算、财务管理等工作;

④ 参与企业资金使用调度、贷款担保、对外投资、产权转让、资产重组等重大经营决策活动;

⑤ 对企业重大项目和经营活动进行风险评估,并负责进行财务风险控制;

⑥ 根据董事会指示和企业的经营要求,组织资金筹集、供应和管理,疏通融资

渠道，保持与金融机构的良好关系；

⑦ 负责企业财务部门日常管理工作。

对标财务部门的职能和卓越财务岗位人员的胜任行为特征，从专业知识、技术能力、职场素养和内驱力内核四个维度设计财务岗位的胜任素质模型，如图7-6所示。

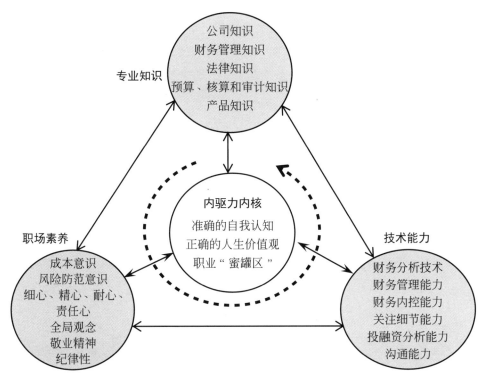

图 7-6　财务岗位的胜任素质模型

7.1.6　行政管理岗位胜任素质模型

行政总监负责统筹管理公司的日常行政事务、安全保卫、内部服务和对外联络等工作，其主要职责如下。

① 负责组织制定、完善本公司的行政制度，并监督检查行政制度的执行情况。

② 负责安排企业后勤保障工作，并审批各项改善员工工作、生活条件的意见、建议。

③ 负责组织编制企业行政性财产、物资的采购计划及预算，严格控制行政经费支出。

④ 负责组织制定行政部工作发展规划、计划与预算方案等。

⑤ 负责做好本企业办公用车、基础设施、固定资产等的申购、维修、保养和盘点。

⑥ 负责做好本企业各类文件、资料的鉴定及统计管理工作。

⑦ 负责指导、管理、监督分管部门人员的业务及工作，并负责部门员工的培训、考核等工作。

对标行政部门的职能和卓越行政管理岗位人员的胜任行为特征，从专业知识、技术能力、职场素养和内驱力内核四个维度设计行政管理岗位的胜任素质模型，如图7-7所示。

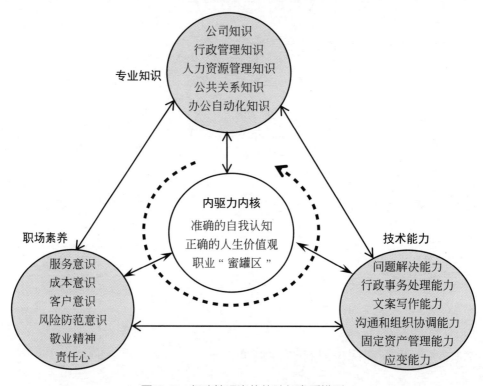

图7-7 行政管理岗位的胜任素质模型

7.1.7 文案写作岗位胜任素质模型

针对文案写作岗位的设置，不少企业都有文案、文书这样的岗位，或者将其设在总裁办、办公室、市场部等。有些企业的办公室文员、行政专员、新媒体运营，或者销售部门的后勤支持、项目组的标书制作等岗位也属于文案写作岗位。在一个特定行业中，图书编辑、杂志编辑、网站编辑、记者、各类剧本作家、工具书作家，以及课程研发人员也属于文案写作岗位。其实企业中的所有部门，可以说都单独设置了文案写作岗位，或者某一个岗位承担着写作的职责。

即使不是岗位职责，也不是领导交代的任务，每个职场小伙伴要想做好手头工作并快速加薪晋升，都少不了写作市场调研报告、工作汇报、述职报告等工作。所以，文案写作几乎是每个岗位必备的工作能力。

对标总裁办、办公室等部门的职能和卓越文案写作人员的胜任行为特征，从专业知识、技术能力、职场素养和内驱力内核四个维度设计文案写作岗位的胜任素质模型，如图7-8所示。

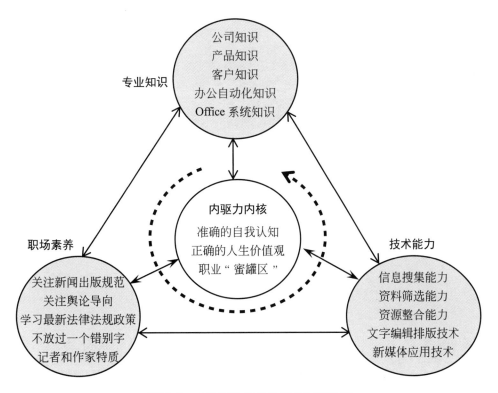

图 7-8　文案写作岗位的胜任素质模型

7.1.8　人力资源管理岗位胜任素质模型

人力资源总监负责规划、指导、协调企业的人力资源管理与组织建设，最大限度地开发企业的人力资源，促进企业经营目标的实现，其主要职责如下。

① 负责本企业人力资源战略规划的制定和企业组织结构的设计。

② 建立健全本企业的人力资源管理体系，研究、设计符合本企业的企业人力资源管理模式，制定和完善人力资源管理制度。

③ 协调和指导公司各部门人员的招聘、培训与开发、绩效考核、薪酬福利、员工关系管理等工作。

④ 负责建立畅通的沟通渠道和有效的激励机制，及时处理企业管理过程中的重大人力资源问题。

⑤ 向企业高层决策者提供有关人力资源战略、组织建设等方面的建议，并致力于提高企业整体管理水平。

⑥ 负责本部门的员工考核和日常管理工作。

对标人力资源部门的职能和卓越人力资源管理岗位人员的胜任行为特征，从专业知识、技术能力、职场素养和内驱力内核四个维度设计人力资源管理岗位的胜任素质模型，如图7-9所示。

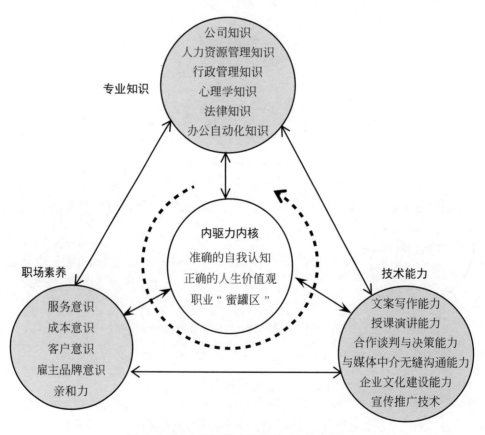

图 7-9 人力资源管理岗位的胜任素质模型

7.2 八类岗位员工职务分析

7.2.1 营销人员职务特征与要求

营销人员的职务特征，如图7-10所示。

工作环境复杂多变	工作压力巨大	流动性强、稳定性差
包括宏观的技术、经济、法律、自然资源、政治、人口环境，以及微观的企业自身、竞争对手、客户、供应商、公众环境	以营销业绩为关键指标，一般是"底薪+提成"模式，高压力、高回报	常常要外出开展业务，难以照顾家庭和亲友

图7-10 营销人员的职务特征

营销人员的岗位要求，如图7-11所示。

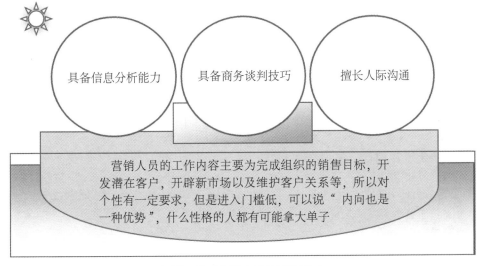

图7-11 营销人员的岗位要求

7.2.2 技术人员职务特征与要求

技术人员的职务特征，如图7-12所示。

① 注重对问题的预防而非事后控制：确保提供的产品或服务不产生技术问题，要制定有效的预防措施和注意事项

② 技术过时快更新快：尤其是针对新设备、新生产线而言

③ 有分工要求团队协作：技术开发和应用往往是一个团队集体努力的结果，具备丰富经验的技术类人员要承担带"新人"的责任

④ 工作时间不固定：提供技术支持和技术服务要根据轻重缓急调整工作时间，自主安排时间的可能性小

图 7-12　技术人员的职务特征

技术人员的岗位要求，如图7-13所示。

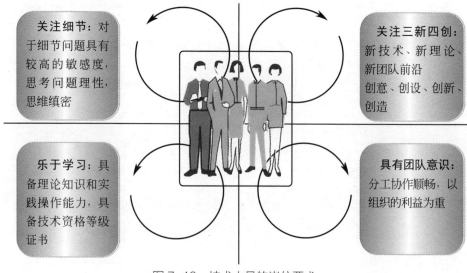

关注细节：对于细节问题具有较高的敏感度，思考问题理性，思维缜密

关注三新四创：新技术、新理论、新团队前沿 创意、创设、创新、创造

乐于学习：具备理论知识和实践操作能力，具备技术资格等级证书

具有团队意识：分工协作顺畅，以组织的利益为重

图 7-13　技术人员的岗位要求

7.2.3 研发人员职务特征与要求

研发人员的职务特征，如图 7-14 所示。

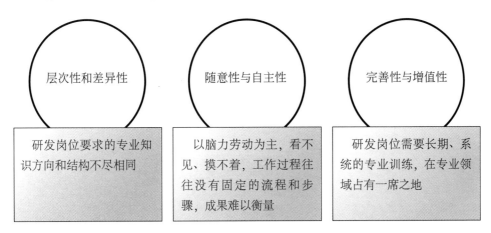

图 7-14 研发人员的职务特征

研发人员的岗位要求，如图 7-15 所示。

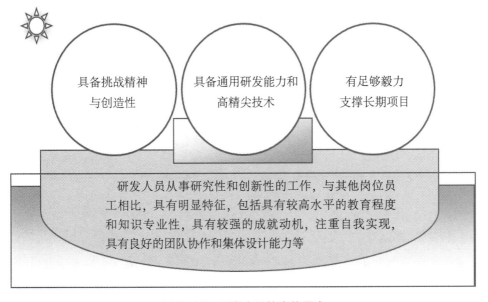

图 7-15 研发人员的岗位要求

7.2.4 生产人员职务特征与要求

生产人员的职务特征，如图7-16所示。

① 强调标准和规则：遵守严格的操作规程和工作标准，提高产品质量，降低废品率和次品率

② 具备多种职业技能：流水线组织生产、掌握上下游岗位的技能

③ 工作结果易衡量：工作业绩主要取决于自己的能力和努力程度，受外部因素的影响较小，企业一般采用计件工资制

④ 岗位的可替代性强：工作具有日复一日，重复性、机械性的特点，岗位技术更新速度快

图7-16 生产人员的职务特征

生产人员的岗位要求，如图7-17所示。

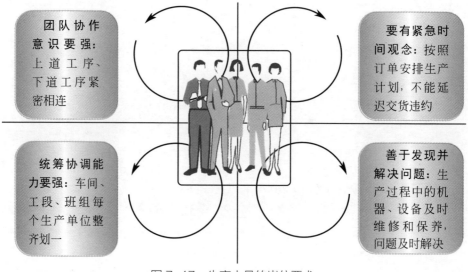

图7-17 生产人员的岗位要求

7.2.5 财务人员职务特征与要求

财务人员的职务特征，如图7-18所示。

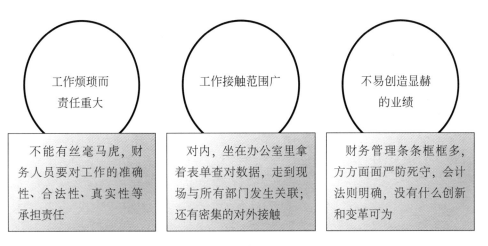

图 7-18 财务人员的职务特征

财务人员的岗位要求，如图7-19所示。

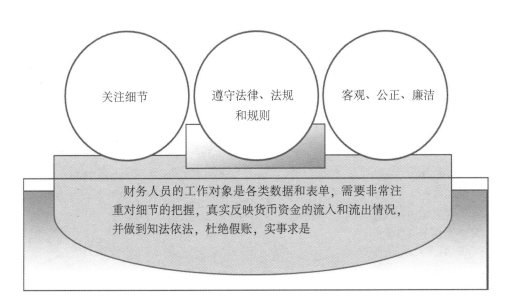

图 7-19 财务人员的岗位要求

7.2.6 行政管理人员职务特征与要求

行政管理人员的职务特征，如图7-20所示。

图7-20 行政管理人员的职务特征

行政管理人员的岗位要求，如图7-21所示。

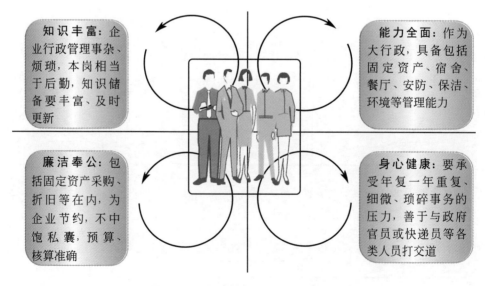

图7-21 行政管理人员的岗位要求

7.2.7 文案写作人员职务特征与要求

文案写作人员的职务特征，如图7-22所示。

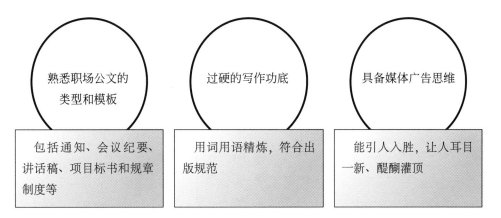

图7-22　文案写作人员的职务特征

文案写作人员的岗位要求，如图7-23所示。

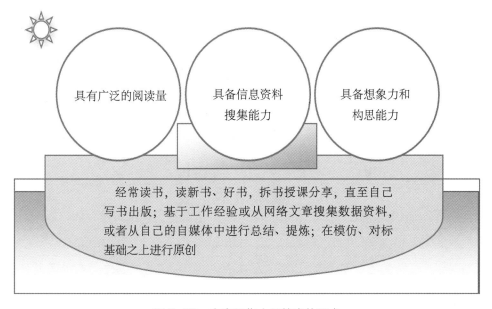

图7-23　文案写作人员的岗位要求

7.2.8 人力资源管理人员职务特征与要求

人力资源管理人员的职务特征，如图7-24所示。

① 熟悉人力资源管理核心业务：包括招聘、培训、绩效考核、薪酬管理等业务

② 管理团队：部门内团队分工协作，形成企业团队管理制度

③ 配合业务部门：定岗是人力资源业务合作伙伴（HRBP），或者进行走动式（HRM），经常与业务部门负责人沟通、确认招聘需求等

④ 具备领导艺术：领导自己、领导他人，引导新人、安抚老人，全面调动全员的积极性、主动性和创造性

图7-24 人力资源管理人员的职务特征

人力资源管理人员的岗位要求，如图7-25所示。

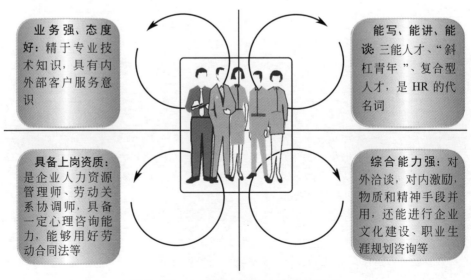

业务强、态度好：精于专业技术知识，具有内外部客户服务意识

能写、能讲、能谈：三能人才、"斜杠青年"、复合型人才，是HR的代名词

具备上岗资质：是企业人力资源管理师、劳动关系协调师，具备一定心理咨询能力，能够用好劳动合同法等

综合能力强：对外洽谈，对内激励，物质和精神手段并用，还能进行企业文化建设、职业生涯规划咨询等

图7-25 人力资源管理人员的岗位要求

第8章
如何设计企业员工的职业发展路径

8.1 五类企业职业发展背景与问题分析

同样一个人,在不同的企业,会得到不同的待遇。

比如,对于一个工作之余干私活的员工,欧美企业会认为"尽管干私活,但不影响工作,没关系",日本企业会认为其对企业不忠,而国内企业可能会认为"这个员工是企业的笔杆子,没办法得养着"。

再比如,对于一个任劳任怨低头干活的员工,欧美企业会认为"他只会埋头干活,不善沟通,缺乏团队精神,淘汰",日本企业会认为他是勤奋工作的好员工,而国内企业可能会认为"要留着,否则杂活就没人干了"。

可见,各种类型企业对于优秀员工的标准认定不同,相应的重视程度不同,为其设计的职业生涯发展路径也会不同。

在这里,我们梳理并分析了五类企业职业发展路径。以下是关注员工职业发展路径设计的五类企业汇总,如图8-1所示。

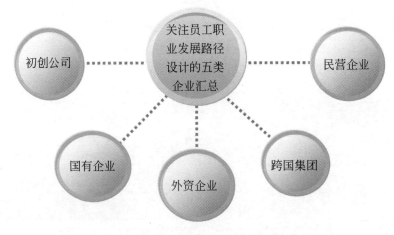

图 8-1 关注员工职业发展路径设计的五类企业汇总

8.1.1 初创公司职业发展设计问题与示例

据统计,在美国,初创公司存活10年的比例为4%。第一年以后有40%的初创公司破产,5年以内有80%破产,活下来的20%在第二个5年中又有80%破产。哈佛商学院的研究发现,第一次创业的成功率是23%,而已成功的企业家再次创业成功的可能性是34%。

美国社会学家玛格丽特·米德在《文化与承诺：一项有关代沟问题的研究》一书中提出"前喻文化""并喻文化"和"后喻文化"。在"前喻文化"中，晚辈主要向长辈学习；在"并喻文化"中，晚辈和长辈的学习都发生在同辈人之间；而随着科技革命的蓬勃发展，现在已经进入了长辈反过来向晚辈学习的"后喻文化"时期。

米德总结道："如果说过去存在若干长者，凭着在特定的文化系统中日积月累的经验而比青年们知道得多些，那今天却不再如此。"

所以，在初创企业的人才团队中，老、中、青结合，00后冲出校园，90后领导80后、70后、60后、50后作为管理咨询顾问和专家，团队成员的文化层次、知识结构和过往职场历程呈现多元化，这真的很正常。

然而，现实情况却是，初创企业刚刚注册成立公司就组建人力资源部门，标配人力资源总监（HRD）、招聘经理、绩效薪酬经理、员工关系主管、培训专员等岗位是不太可能的。

一些初创企业没有长远规划，忙着准备房租、水电费和给员工发工资，根本无暇顾及员工职业生涯规划的管理，更没有设置专门的岗位设计员工职业发展路径，从而导致员工流动率居高不下，越优秀的员工越留不住。初创企业往往陷入人才高流动率的怪圈不能自拔。

所以，即使初创企业团队再小，部门再精简，提前设计好员工职业发展路径的业务职能也不可或缺。不重视人力资源管理的初创企业势必出现危机，不重视员工职业生涯规划的老板势必日后头痛。一些初创企业或者百人以下的公司会设立一个综合部，把行政、后勤、人力资源管理和办公室等职能整合到一块，这样也是可以的。

8.1.2 民营企业职业发展设计问题与示例

民营企业市场化程度高，在人员管理上，应实施灵活多样的培养和激励措施，把好员工招聘关和培训关，以确保新入职员工良好的职业素质基础和在职员工素质的不断提高。

民营企业对于优秀人才的渴望，促使其积极为员工的职业发展创设更加广阔的路径。设计适合公司发展需求和满足员工需要的职业发展定位成为民营企业开发员工潜力、增强员工工作积极性和归属感的必然要求。

（1）示例：××公司的岗位簇划分

经过对岗位职责和价值的分析，××公司人力资源部根据公司部门和岗位性质的不同划分出四类岗位簇，如表8-1所示。

表 8-1 ××公司岗位簇划分一览表

岗位簇	生产簇	文职簇	专业簇	技术簇
主要人员构成	生产操作、生产计划、生产调度、生产统计人员等	文员、秘书、行政专员、档案管理人员等	销售人员、采购人员、质量管理人员、财务人员	技术研发、技术服务、工艺管理人员等

（2）示例：××公司的职业发展路径

××公司的职业发展路径，如图8-2所示。

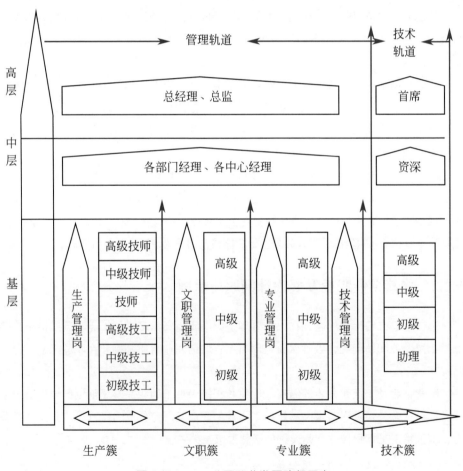

图 8-2 ××公司职业发展路径示意

① 上述民营企业设计的员工职业发展方向实行的是管理类与技术类双重职业发展路径，同时在生产簇、文职簇和专业簇内又设置了纵向的晋升渠道。如生产簇内将操作类员工又划分为初级技工到高级技师六个级别，而且各岗位簇内的员工可以进行横向的工作转换和选择。

② 公司技术簇员工的晋升跨越了两个轨道，其中技术管理类岗位晋升路径为管理轨道，而专业技术类岗位晋升路径为技术轨道。而在技术簇岗位的内部，也可以进行岗位的横向调动。

③ 公司双轨制的晋升路径突出强调了专业技术岗位的价值，其他岗位簇内的业务岗位晋升均定位于基层，只为技术簇员工设置了从基层到高层的发展路径。

④ 公司的职业发展路径适应了其主要员工为初级生产工人的状况，满足了生产制造企业人力资源管理的要求。

总之，民营企业设计员工职业发展路径，没有太多的条条框框，不像国有企业有国资委等上级单位的严格管控。当然，如果民营企业是上市公司的话，还要考虑股东们的想法。

8.1.3 国有企业职业发展设计问题与示例

在国有企业市场化改革之前，员工职业发展渠道单一，不少优秀的人才由于缺乏上升空间而选择离开了企业。

目前，很多国有企业还是缺乏员工职业生涯规划管理，没有设计各类岗位员工的职业发展路径，已经开始影响选拔晋升的公平性和员工工作的积极性。国有企业职业发展路径的设计势在必行。

（1）国有企业和员工对职业发展的诉求

国有企业要建立符合公司发展要求的职业发展路径，就必须了解员工和企业对职业生涯规划的诉求。

① 对员工而言，希望从未来的工作中得到成长、发展，包括职位的提升、薪酬福利的增加、被尊重和被认可等。

② 对企业而言，希望通过最大限度发掘现有人员的潜力，留住优秀人才，确保企业发展目标和宏伟蓝图的尽早实现。

（2）示例：国有企业职系和职种划分

公司规定在同一职种范围内，员工可以进行流动，仅需员工个人提出申请即可；在不同的职种范围内，在面试、考核通过后，员工也可以跨职种流动，但必须要符合相关岗位的任职要求。××公司职系和职种划分，如表8-2所示。

表8-2 ××公司职系和职种划分

职系	职种	主要岗位
管理类	经营管理	总经理、副总经理
	部门管理	部门经理、部门副经理
技术类	移动通信	维护管理、网络系统值机、网管系统管理、网络规划管理、网络优化管理、工程管理、项目管理、运行维护技术管理、网络监督管理、网间通信质量管理、网间结算管理、网间规划管理
	传输动力	动力工程管理、动力维护管理、电路调度管理、传输规划管理、传输工程管理、传输维护管理
	计算机通信	客户服务系统技术支持 数据互联网项目管理、维护管理、规划管理 增值业务开发管理、增值系统建设维护管理 技术信息化与技术管理、研发技术、系统与网络管理、计算机管理
专业类	规划计划	战略发展部规划管理、综合管理部综合统计和数据分析
	物资管理	固定资产管理、库存物资管理、工程/项目物资管理
	市场管理	营销策划管理、市场营销、技术支持管理、客服电话营销管理、渠道管理、广告宣传管理、技术管理
	财务管理	经营财务管理、工程财务管理、资金管理、管理会计、成本会计、核算会计、出纳、各部门会计
	人力资源	招聘管理、薪酬管理、培训管理、绩效考核管理、员工关系管理
	行政管理	文书档案管理、办公事务管理、公关宣传管理、后勤管理、总经理秘书、机要秘书、各部门行政助理、各中心/事业部秘书
操作类	具体操作	维修工、仓库管理员、驾驶员、水电工、文印员、门卫、保安、清洁员

（3）示例：国有企业各职系、职种的任职资格划分

根据不同职系和职种的划分，基于知识、技能和经验要求的高低不同，为各类员工创造多种职业发展路径。特将各个职种的员工划分为四个级别，即业务初级、业务主体、业务骨干、业务专家。××公司各职系和职种任职资格划分，如表8-3所示。

表8-3　××公司各职系和职种任职资格划分

级别	任职特点
业务初级	① 知识和技能有限：具备从事本专业工作所必需的基本知识或单一领域的某些知识 ② 经验不足：掌握开展工作的部分经验，但缺乏独立解决问题和开展工作的全面经验 ③ 工作认识有限：缺乏对自己所从事工作的全面了解，只能在指导下从事一些单一的、局部的工作 ④ 工作年限一般为0~2年
业务主体	① 知识和技能比较全面：具备比较全面的理论知识和从工作过程中获取的工作技能 ② 经验相对丰富：按照工作程序或流程，能够解决相对比较单一的问题，能够处理工作中的常规问题 ③ 基本形成对工作的全面认识：对工作中的各类关系和工作内容有着比较全面的了解和认识，能够从全局的角度考虑面临的问题，并能够发现工作中面临的问题 ④ 工作年限一般为2~4年
业务骨干	① 知识和技能全面：具有系统知识和技能，并精通主要工作的相关知识和技能 ② 经验丰富：熟练并快速解决常规问题，能够及时发现业务流程中的重大问题，并提出合理有效的解决方案 ③ 工作认识深入：全面把握工作中不同模块的关系，熟知业务关键点，并能根据需要进行适当创新，以确保迅速完成工作任务或项目，并能够有效指导他们开展工作 ④ 工作年限一般为3~5年
业务专家	① 知识和技能精通：精通本专业领域内的知识和技能，并具有丰富的实践经验作为支持 ② 擅长处理棘手问题：全面、深刻把握本专业业务流程，能够洞察业务深层次的问题并给出相应的解决方案，能够指导别人处理常规问题 ③ 洞悉业务发展趋势：能够对本业务的发展趋势进行判断和分析，并提出合理化的建议和业务改进方案，并能将方案创造性地应用到业务开展过程中 ④ 工作年限一般为6年以上

（4）示例：国有企业员工职业发展路径设计

××公司设计的员工职业发展路径，如表8-4所示。

表8-4　××公司员工职业发展路径

职业发展不同路径	职业发展适用范围
管理类路径	适用于公司正式任命的各职能、技术、销售营销等管理岗位员工，即部门副经理、部门副主任级以上的管理人员
技术类路径	适用于从事技术开发、生产管理、质量控制等的各类技术人员

续表

职业发展不同路径	职业发展适用范围
营销类路径	适用于营销策划人员、市场开发人员和销售人员
财务类路径	适用于从事财务类工作的人员
行政类路径	适用于从事行政事务工作的人员
工勤类路径	适用于工人、后勤人员等

上述范例，并不是完美且没有问题的，而是可以作为参考。上述国有企业员工职业发展路径的最大特点就是与岗位工作紧密相连，与岗位的任职资格密切相连，这就树立了"要想获得职业发展，必须先圆满完成本职岗位工作任务"的导向。

同时，职业发展路径通过职系、职种的划分，以及每一职系、职种不同任职资格的划分而变得更加广阔，消除了传统上国有企业"挤破头皮向管理岗位使劲儿钻"的弊端，员工在公司内职业发展的选择权增强，员工职业发展的宽松环境得以创建。

8.1.4 外资企业职业发展设计问题与示例

（1）示例：××公司背景

××公司是一家以生产存储性产品为主营业务的生产企业，其存储产品在同类市场的份额达到了20%以上，公司连续三年保持了两位数的发展速度。公司所取得的骄人业绩一方面得益于公司对研发的重视，为研发投入了巨额的费用；另一方面，也得益于公司职业发展计划的实施。

（2）示例：××公司职业发展三条路径设计

××公司职业发展三条路径设计，如图8-3所示。

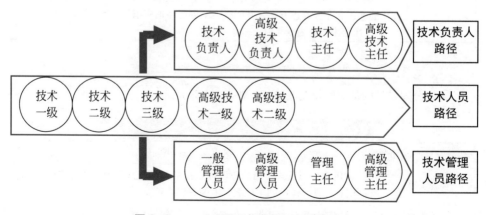

图8-3　××公司职业发展三条路径示意

（3）示例：××公司职业发展工作内容设计

技术人员路径、技术负责人路径和技术管理人员路径工作的区别，如表8-5所示。

表8-5　××公司三类职业发展路径的工作内容比较

路径分类	工作内容
技术人员路径	工作内容侧重于技术的具体运作、开发、调试、维护等具体工作
技术负责人路径	具有较强的技术基础，工作内容侧重对技术项目资源的计划、协商与控制工作，负责确定技术开发策略与产品开发方向。这一路径人员主要对技术人员的技术要求进行把关，没有管理技术人员的直接权力
技术管理人员路径	工作内容是对技术项目预算，人员调动、升迁、考评等工作负责

（4）示例：××公司技术人员职务评价设计

针对不同路径的人员，公司从技术水平、规划能力、解决问题能力、领导能力、团队合作能力、顾客满意度、沟通能力、教育水平与工作经验等方面进行考评。以技术人员的考评为例，其具体职务评价，如表8-6所示。

表8-6　××公司技术人员职务评价的内容

评价内容	职务等级				
	技术人员一级	技术人员二级	技术人员三级	高级技术人员一级	高级技术人员二级
知识掌握	经营基础知识	经营基础知识、预算/成本基础知识	一般经营知识/成本基础知识	经营目的、经营目标、预算/成本基础知识	可能有助于建立目的、目标、预算成本的基础知识
任务分配	具体任务	多种任务	多种任务	复杂任务	复杂的专业化任务
技能专长	—	—	—	一种专长	多种专长
经验规划内容	部门/小组工艺	部门/小组工艺	部门/小组工艺	部门/小组工艺	部门/小组工艺
优先化	—	—	依据任务执行情况选择	执行多任务	执行多任务
完成计划	采用任务作业法	为多种活动采用任务作业法	不影响任务总体进度	不过度拖延任务进度	—

续表

评价内容	职务等级				
	技术人员一级	技术人员二级	技术人员三级	高级技术人员一级	高级技术人员二级
解决问题形式	命令	命令	自主解决	自主解决	自主解决
可把握的问题形式	限定的领域内的问题	多问题	多变量、有风险的问题	复杂问题、有风险的问题	可参与解决与预防问题
解决问题对策	多种解法	多种解法	多种解法	多种解法	多种解法
工作结果影响程度	对规划或成本没有影响	影响规划、费用和资源分配	对规划、费用和资源分配有较大影响	对规划、费用和资源分配有较大影响	直接影响公司运作和现有市场份额
教育水平与工作经验	本科或硕士，2年直接相关工作经验	本科或硕士，2~6年直接相关工作经验	本科或硕士，4~8年直接相关工作经验	本科或硕士，高于7年直接相关工作经验	本科或硕士，不低于10年直接相关工作经验

可见，上述外资企业里的所有职业发展路径均以新技术人员为起点。职业发展路径的设计，适应了公司发展对超强研发能力的需求和重视，无论未来职业规划的对象是技术负责人员还是管理人员，都必须从技术人员的工作做起，避免了外行领导内行的情况出现。

同时，也需要看到，该公司的这种设计可能造成职责履行存在交叉或重复的情况。基于技术项目管理和技术人员管理的职业发展路径设计，可能会使技术项目负责人和技术管理人员在履行职责方面产生交叉，这就需要制定一套完善的职业发展管理制度和与之相适应的绩效考核及人才梯队培养管理制度。

8.1.5 跨国集团职业发展设计问题与示例

为了使全球员工在企业获得一致、同等的发展机会，跨国集团公司一般会设计全球统一的职业发展级别管理制度。

比如，第一级为一般职员或技工，第二级为一般技术人员，第三级为专业人员，第四级为经理或高级专业人员，第五级为业务领导层即总经理或业务总裁等，第六级为高级领导层。

通常来说，第一级晋升的方向是第二级，第二级努力的方向是第三级，以此类推，即从低级别向高级别上升。在第三级的员工升上第四级的时候可以继续从事原专业,成为高级专业人员,或转向管理人员,成为经理,这样员工可以在自己的职业生涯上有更多的选择。

考虑到来自不同国家、不同类型员工的不同需求,为使管理人员和专业技术人员都能在企业中得到发展,跨国集团公司还会设置一种多阶梯的管理制度,提供多条平等的升迁阶梯,一条是管理道路,另外一条则是技术道路。而且,阶梯层级结构是平等的,处在每个级别的员工享受同样的地位和同等的待遇,每一个技术等级都有其对应的管理等级。这是因为有些专业技术人员的职业目标并不是成为高级管理人员,而是希望能够发挥他们多年积累的技术知识、经验和能力,成为高级专业技术人员。

可能看出,跨国集团公司职业发展路径设计的最大特点就是这种多阶梯的管理制度。这种制度为公司的员工提供了统一的管理模式,而且可以根据市场的变化来进行灵活的职业管理,使得员工在公司内部从事新任务和工作调动成为可能,并为员工不断向更高级别努力设置了方向。

8.2 企业员工职业发展路径系统设计

企业员工职业发展路径是指组织为其内部成员设计的自我认知、持续成长和晋级晋升的管理方案。设计企业员工职业发展路径即是为员工指明了其职业生涯各个时期可能的发展方向及变动机会。具体来说,企业员工职业发展路径体现在组织结构图和结构化的职位框架图中。

优秀员工沿着企业员工职业发展路径变换工作岗位,一次又一次在新的岗位创造高的绩效,随着年龄的增长和经历的丰富能力也越来越强,从而获得了职业满足感。而企业的产品是人生产的,服务是员工提供的,核心和骨干岗位的员工能力越强,企业发展就越迅速。

企业员工职业发展路径设计虽然很重要,但是,现实状况却是,员工和企业双方都不专业,都没有足够的精力和时间设计企业员工职业发展路径,而等到因为优秀员工遇到"天花板"提出辞职时,老板、HR和直接主管就都措手不及了。因此,应改变这种现状。

8.2.1 划分企业员工职业发展路径的四种模式

针对企业员工职业发展路径进行划分,包括传统职业路径、行为职业路径、横向职业路径和双重职业路径四种模式,如图8-4所示。

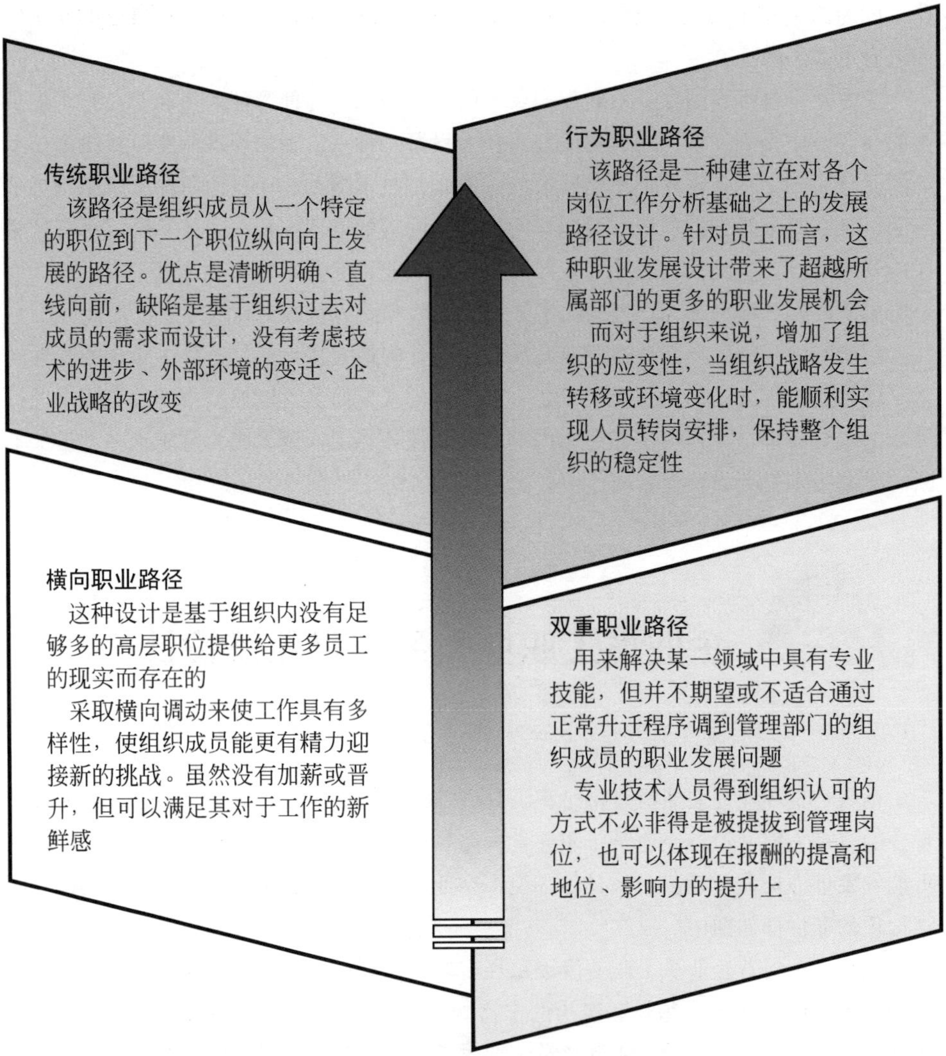

传统职业路径
　　该路径是组织成员从一个特定的职位到下一个职位纵向向上发展的路径。优点是清晰明确、直线向前，缺陷是基于组织过去对成员的需求而设计，没有考虑技术的进步、外部环境的变迁、企业战略的改变

行为职业路径
　　该路径是一种建立在对各个岗位工作分析基础之上的发展路径设计。针对员工而言，这种职业发展设计带来了超越所属部门的更多的职业发展机会
　　而对于组织来说，增加了组织的应变性，当组织战略发生转移或环境变化时，能顺利实现人员转岗安排，保持整个组织的稳定性

横向职业路径
　　这种设计是基于组织内没有足够多的高层职位提供给更多员工的现实而存在的
　　采取横向调动来使工作具有多样性，使组织成员能更有精力迎接新的挑战。虽然没有加薪或晋升，但可以满足其对于工作的新鲜感

双重职业路径
　　用来解决某一领域中具有专业技能，但并不期望或不适合通过正常升迁程序调到管理部门的组织成员的职业发展问题
　　专业技术人员得到组织认可的方式不必非得是被提拔到管理岗位，也可以体现在报酬的提高和地位、影响力的提升上

图 8-4　划分企业员工职业发展路径的四种模式

8.2.2　畅通企业员工职业发展路径的四项原则

畅通企业员工职业发展路径的四项原则，如图 8-5 所示。

8.2.3　设计企业员工职业发展路径的八个步骤

设计企业员工职业发展路径的八个步骤，如图 8-6 所示。

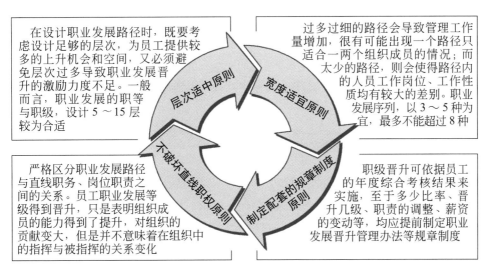

图 8-5 畅通企业员工职业发展路径的四项原则

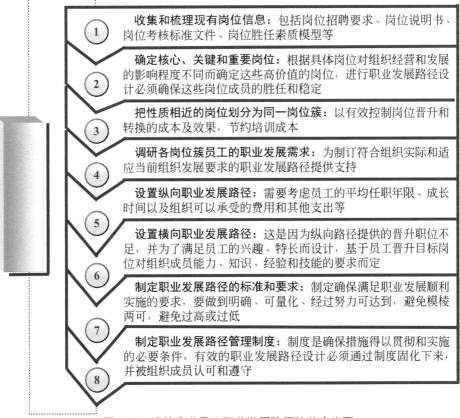

图 8-6 设计企业员工职业发展路径的八个步骤

8.2.4 实施企业员工职业发展路径效果的评估与反馈

设计成功的职业发展路径离不开组织的实施和反馈完善，企业应采取合理的方式落地路径，包括氛围的营造、制度的配套、技术的支持等，同时对实施的效果进行评估、反馈以便完善。

8.2.4.1 职业发展路径的实施

组织成员职业发展目标的实现依靠顺畅的职业生涯发展路径，所以组织一定要重视组织成员职业生涯发展路径的实施，确保成员职业生涯管理目标的实现。

① 传统和行为职业发展路径，即职级的晋升。这一类路径多用于管理人员职业的发展，比如主管→经理→总监，就是一条典型的纵向型职业发展路径。

② 横向职业发展路径就是传统意义上的轮岗和非行政级别的职业发展，这一类职业发展路径多用于技术性人员的职业发展，在组织结构日趋扁平化的趋势下，主要包括丰富工作内容和岗位轮换这两种方式。

③ 双重职业发展路径，即组织设计多条平等的晋升路径，满足各种类型员工的职业发展需求。双重职业发展路径的一个重要标志就是职级上升，但行政级别并不变更。

8.2.4.2 职业发展路径的评估、反馈与完善

一个完整的职业发展路径操作流程，离不开客观地评估、全面地监督、及时地反馈和持续地完善。一方面审视实施过程中存在的问题并及时予以更正，从而确保职业生涯管理目标的实现；另一方面则是总结和积累经验，为下一轮的职业生涯路径设计工作的开展提供科学的依据。

职业发展路径的评估、反馈与完善，应注意两个要点。

① 企业实施职业发展路径后，员工是否发生了改变。比如，员工满意度是否增加，人员流失率的变化，员工对职业生涯管理工作的切实感受等，这些都是企业员工职业发展路径管理效果评估的重要指标。

② 在实施职业发展路径后，企业自身改变。比如，企业人才竞争力与用人品牌影响力的增强与否，企业原有人力资源管理现状的改变，企业在此项工作中的成本支出和收益的关系等。

总而言之，只有高效地落地实施、及时有效地评估与反馈，企业员工职业发展路径管理工作才能在不断推进的过程中实现激励员工的目标。

8.3 企业八类岗位员工职业发展路径设计

8.3.1 营销人员职业发展路径设计

8.3.1.1 营销团队组织结构范例

××公司营销团队组织结构，如图8-7所示。

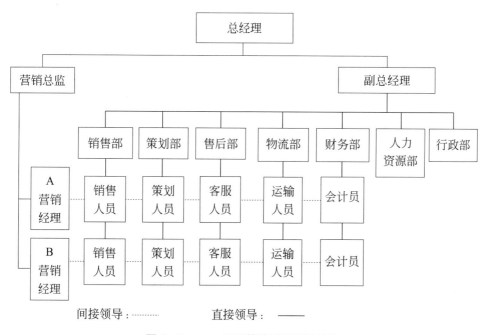

图8-7 ××公司营销团队组织结构

8.3.1.2 营销人员职业发展定位

针对营销人员的工作特点，可以选择四个方向的职业发展定位。

（1）职业内部发展

① 专业岗位晋升 营销人员在公司总部营销部门积累一定工作经验后，可以到公司下一级或多级的分支机构带领营销团队管理大区/省市场，或到某细分市场开辟新的业务，从而为晋升管理岗位奠定基础。

② 转向相关岗位　营销人员可以转向同营销经历相关的岗位，例如：市场分析、公关推广、品牌建设与管理、渠道管理、供应商管理等岗位。若有管理专业背景或者对管理感兴趣，则营销人员可以发展的方向还包括市场信息或情报管理、行业研究、战略规划、人力资源管理、项目管理等岗位。

③ 内部跨部门岗位　如果在产品或行业的生产制造、运营、研究开发、设计等技术方面拥有一定的基础和优势，营销人员则可以向技术含量较高的岗位流动，包括运作管理、售前技术支持、产品测试、售后技术服务等。

（2）横向跳槽

营销人员在积累了一定的工作经验，且在本组织内缺乏进一步发展的空间，或者薪酬、企业文化等同预期存在差距时，也可以通过选择其他行业的相关职位来实现自身进一步发展的需要。

（3）转做营销咨询和培训

在积累丰富的营销经验后，营销人员可以转行从事营销咨询和培训工作，其优势在于深刻理解营销行业背景和组织营销实践的环境。许多营销咨询公司的咨询顾问、培训师都是由营销人员转化而来。

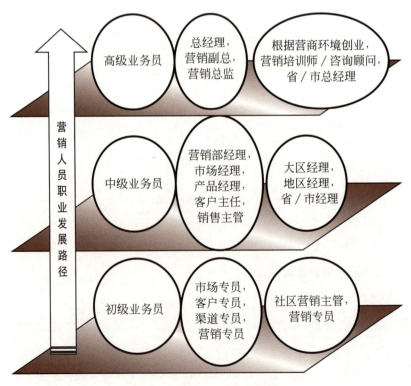

图 8-8　营销人员职业发展路径

（4）个人创业

具有市场发展基础的营销工作经历，是个人创业的优势。因为对于个人创业来说，市场开拓是最重要的工作，而具有营销经验的人员恰恰拥有这方面的资源和经验。所以拥有这方面条件的营销人员可以进行个人创业。

8.3.1.3 营销人员职业发展路径

营销人员的职业发展路径，主要从营销岗位垂直晋级、做管理当领导、主业保底副业挖掘潜能等方面来设计。

营销人员职业发展路径，如图8-8所示。

8.3.2 技术人员职业发展路径设计

8.3.2.1 技术团队组织结构范例

××公司技术团队组织结构，如图8-9所示。

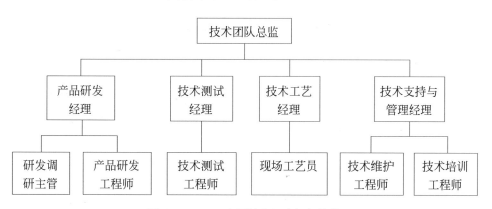

图8-9 ××公司技术团队组织结构

8.3.2.2 技术人员职业发展定位

针对技术人员的工作特点，技术人员可以选择三个方向的职业发展定位。

（1）组织内部发展

① 技术路径晋升　在组织设置的专业技术路径上晋升。

② 管理路径晋升　在组织设置的管理路径上晋升，但需要有一定的技术工作经验。

（2）横向选择

技术人员在积累了一定的工作经验，且在组织内缺乏进一步发展的空间，或者薪酬、组织文化等同预期存在差距时，也可以通过选择其他相关职位来实现自身进一步发展的需求。这类定位通常适合具备三年以上工作经验的技术人员。

（3）从事技术管理咨询师和培训师职位

技术人员在积累了丰富的技术管理经验后，转行从事技术管理咨询和培训工作也是一个良好的选择，其优势在于深刻理解相关行业背景和企业技术实践的环境。许多技术管理咨询公司的咨询顾问、培训师都是由技术管理人员转化而来的。

8.3.2.3 技术人员职业发展路径

技术人员拥有核心技术、前沿技术，能够带团队、带项目，技术人员的职业发展路径，主要从技术岗位垂直晋级、做管理当领导、主业保底副业挖掘潜能等方面来设计。

技术人员职业发展路径，如图8-10所示。

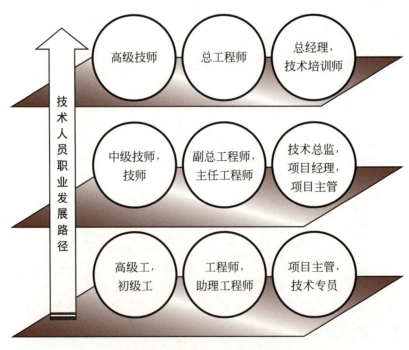

图8-10 技术人员职业发展路径

8.3.3 研发人员职业发展路径设计

8.3.3.1 研发团队组织结构范例

××公司研发团队组织结构，如图8-11所示。

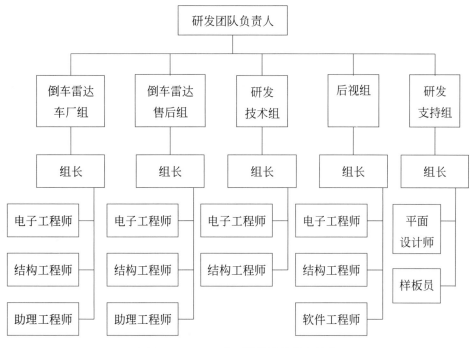

图 8-11 ××公司研发团队组织结构

8.3.3.2 研发人员职业发展定位

针对研发人员的工作特点，研发类人员可以选择三个方向的职业发展定位。

（1）组织内部晋升

① 研发专家路径　追求所拥有的研发知识、研发成就获得本行业的认同。定位于这一路径发展的人员关注的是突出的研发成就。

② 研发管理路径　定位于这一职业发展轨道的人员希望承担更多的管理责任，发挥人、财、物统筹管理的作用。

③ 研发基层员工　可以根据个人特长、兴趣爱好转为从事非研发工作，常见的研发人员可以从事的其他岗位包括技术支持、技术服务类岗位以及市场类岗位等。

④ 具有一定经验的研发管理人员　可以转为其他部门的相关主管或经理，如研发经理转为技术部门经理或者质量管理部门经理等。

（2）在不同组织的相近职位发展

在组织内部缺少发展空间的情况下，可以选择跳槽，寻找能够给个人发展创造空间，并能提供较好薪酬福利体系以及完善的人员管理体系的组织。这适用于积累了较丰富经验的研发人员。

（3）个人创业

研发人员的个人创业也应当选择与研发行业相关或以研发作为组织核心竞争力的事业作为起点。适用于具有丰富研发经验和管理经验的人员。

8.3.3.3 研发人员职业发展路径

研发人员往往拥有专利、实用新型，研发人员的职业发展路径，主要从研发岗位垂直晋级、做管理当领导、主业保底副业挖掘潜能来设计。

研发人员职业发展路径，如图8-12所示。

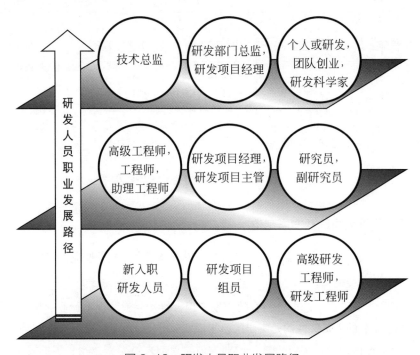

图8-12 研发人员职业发展路径

8.3.4 生产人员职业发展路径设计

8.3.4.1 生产班组团队组织结构范例

××公司生产班组团队组织结构，如图8-13所示。

8.3.4.2 生产人员职业发展定位

针对生产人员的工作特点，生产人员可以选择四个方向的发展定位。

第8章 如何设计企业员工的职业发展路径

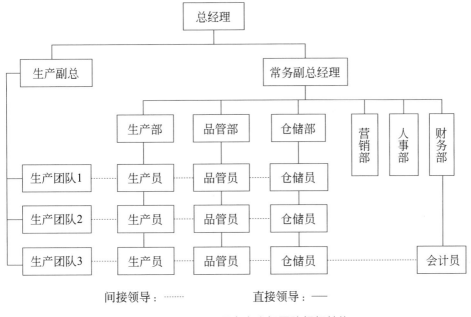

图 8-13 ××公司生产班组团队组织结构

（1）内部晋升

生产人员可以通过积累经验和参加培训从基层生产人员逐步成长为管理岗位人员。

（2）内部职位调整

① 从事生产的基层人员根据企业生产的需要，可以在不同的车间之间根据组织和自身的需求调整岗位。

② 中层生产人员如生产主管、生产部门经理（副经理）等可以根据自身的兴趣爱好转岗为技术主管、技术部经理或研发工程师。

（3）不同行业同一类职位调整

在积累了一定的工作经验，且在本组织内缺乏进一步发展的空间，或者薪酬福利、企业文化等同预期存在差距时，生产人员也可以通过选择其他行业的相关职位来实现自身进一步发展的需求。

（4）从事生产管理咨询师和培训师职位

生产人员在积累了丰富的生产管理经验后，可以转行从事生产管理咨询和培训工作，其优势在于深刻理解相关行业背景和组织生产实践的环境。

8.3.4.3 生产人员职业发展路径

具备丰富经验的生产人员会被安排带徒弟、带新人，生产合格产品、降低废品率。生产人员的职业发展路径，主要从生产岗位垂直晋级、做管理当领导、技术挖掘潜能等方面来设计。

生产人员职业发展路径，如图8-14所示。

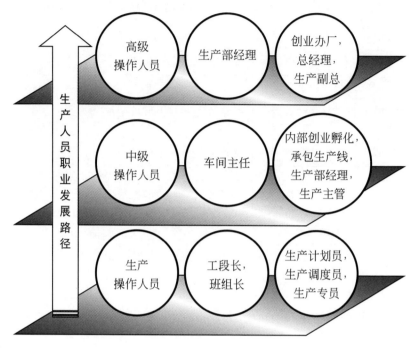

图8-14　生产人员职业发展路径

8.3.5　财务人员职业发展路径设计

传统的财务人员职业生涯发展包括以下三个维度。

（1）内部晋升

基层财务人员通过积累经验和参加培训逐步成长为管理岗位人员。即基层财务人员→财务/会计主管→财务部副经理→财务部经理→财务总监。

（2）内部职位调整

积累了一定经验的财务类员工可以根据兴趣爱好转岗为人力资源或行政管理工作。

（3）从事财务管理咨询师和培训师职位

在积累了丰富的财务管理经验后，转行从事财务管理咨询和培训工作也是一个很好的选择，其优势在于深刻理解相关行业背景和企业财务管理实践的环境。许多财务管理咨询公司的咨询顾问、培训师都是由财务管理人员转化过来的。

财务人员的职业发展路径，主要从财务岗位垂直晋级、做管理当领导、主业保底副业挖掘潜能等方面来设计。

财务人员职业发展路径，如图8-15所示。

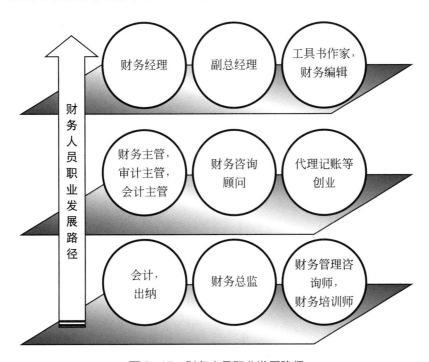

图 8-15　财务人员职业发展路径

8.3.6　行政管理人员职业发展路径设计

行政管理不是杂事杂物管理，从其核心价值来看，行政管理承担着提高组织效率的职能，如图8-16所示。

把行政部门的职能细化处理，具体包括行政接待、印章证照管理、行政文书管理、会议会务、财产物资管理、文印档案资料管理、媒体公关、环境卫生管理、安保消防、行政经费管理和行政后勤。所以，优秀行政人员必须具备多领域、多方面的相关知识和经验。

行政管理人员的职业发展路径，主要从行政岗位垂直晋级、做管理当领导、主业保底副业挖掘潜能等方面来设计。

行政管理人员职业发展路径，如图8-17所示。

优化组织结构
采用组织结构扁平化，精简岗位层级、职务层级和管理层级的方法，使各部门沟通更加顺畅

优化业务流程
组织实施业务流程诊断，及时发现现有业务流程中的潜在问题，以使业务实施更加顺利

提高组织效率的措施

建立员工激励机制
建立包括绩效考核和薪酬激励在内的激励机制。各项激励机制不仅包括物质层面的激励，也应涉及精神层面的激励

提高信息化水平
首先进行信息化需求分析，明确信息化建设需求，然后根据需求分析结果组织企业内外部力量建设或完善企业信息化系统

图 8-16 行政管理提高组织效率的四项措施

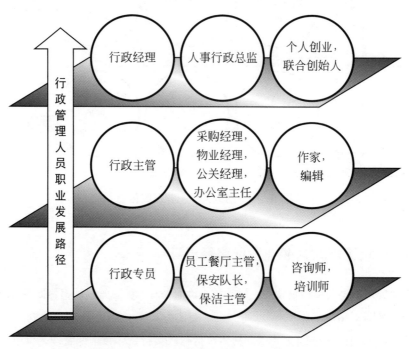

图 8-17 行政管理人员职业发展路径

8.3.7 文案写作人员职业发展路径设计

文案写作人员的职业发展路径，主要从文案写作岗位垂直晋级、做管理当领导、主业保底副业挖掘潜能等方面来设计。

文案写作人员职业发展路径，如图 8-18 所示。

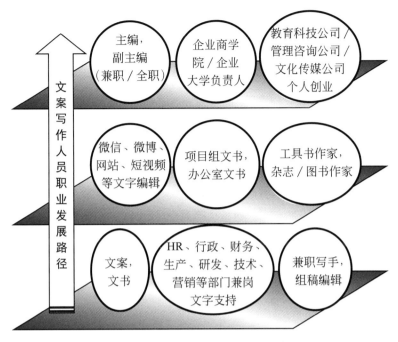

图 8-18　文案写作人员职业发展路径

8.3.8 人力资源管理人员职业发展路径设计

8.3.8.1 人力资源管理人员职业发展定位

根据人力资源管理人员的工作特点，组织人力资源管理人员的职业发展定位有五类。

（1）内部逐级晋升

内部晋升即纵向发展，意味着人力资源管理人员在垂直方向从现有职位向更高层级的职位方向上升。在组织内部，通过积累岗位工作经验和参加培训，人力资源管理人员可以按照组织在人力资源管理岗位的职位序列依次向上发展。

（2）内部横向发展

人力资源管理人员积累了一定的经验后，可以通过从事不同种类工作内容的职位，丰富自己的知识和阅历，成为某方面或某几个方面专业的通才。人力资源管理人员也可以进入其他职能部门从事其相关工作，如果拥有其他部门如行政管理、财务管理、营销部门或生产部门的工作经验，对于胜任高层次的管理工作是有益的。

（3）内部核心方向发展

核心方向发展意味着人力资源管理人员没有纵向晋升，职位也没有横向移动，但是由于其从事的工作内容本身受到组织的重视，或者是其在组织发展中遇到重大决策时能够参与甚至影响决策，从而向内部核心方向发展。虽然人力资源管理人员的位置没有上升，可能经济报酬也不发生改变，但因为能拥有更多的权力和资源，对于其职业生涯来说，也是一种肯定和发展。

如果组织的高层管理者认识到人力资源管理的战略重要地位，人力资源管理人员也具备能够为组织的经验管理提供行政支持、变革咨询以及战略发展意见的知识和能力。那么，人力资源管理人员就更有可能参与甚至影响组织的各项重大决策，人力资源管理人员自身也向着组织的管理核心靠拢。

（4）外部同行业/跨行业发展

内部遇到"天花板"或晋升瓶颈，经过深思熟虑，选择辞职进入同行业或其他新兴行业的企业人力资源管理部门，包括从民营公司到国有企业，从初创公司到外资企业、跨国集团公司等的岗位迁移。

（5）个人创业

从事与人力资源管理相关的业务，包括但不限于劳务派遣、猎头顾问，或者创办与本专业无关的公司。

8.3.8.2 人力资源管理人员职业发展路径

人力资源管理人员的职业发展路径，主要从人力资源管理岗位垂直晋级、做管理当领导、主业保底副业挖掘潜能等方面来设计。

人力资源管理人员的职业发展路径，如图8-19所示。

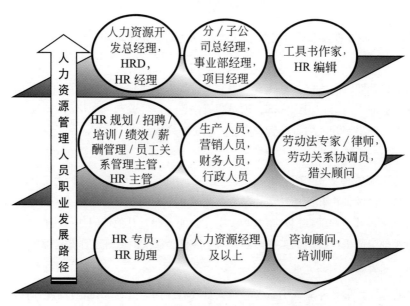

图8-19 人力资源管理人员职业发展路径

参考文献

[1] 格林豪斯,卡拉南,戈德谢克.职业生涯管理[M].王伟,译.4版.北京:清华大学出版社,2014.

[2] 摩尔,吉列.国王武士祭司诗人:从男孩到男人,男性心智进阶手册[M].林梅,苑东明,译.北京:电子工业出版社,2018.

[3] 埃利斯.优秀大学生成长手册[M].毛乐,何雨珈,刘静焱,等译.北京:科学出版社,2014.

[4] 奥斯特瓦德.商业模式新生代[M].黄涛,郁靖,译.北京:机械工业出版社,2016.

[5] 比尔.管理人力资本——开创哈佛商学院HRM新课程[M].程化,潘洁夫,译.北京:华夏出版社,1998.

[6] 博克.重新定义团队:谷歌如何工作[M].宋伟,译.北京:中信出版社,2015.

[7] 本斯.引导:团队群策群力的实践指南[M].任伟,译.3版.北京:电子工业出版社,2016.

[8] 斯诺.团队建设游戏教练手册[M].陈飞星,译.2版.北京:企业管理出版社,2009.

[9] 莱昂斯.领导力教练(实践篇)[M].戴钊,译.北京:机械工业出版社,2013.

[10] 罗宾斯,库尔特.管理学[M].李原,孙健敏,黄小勇,译.11版.北京:中国人民大学出版社,2012.

[11] 汉弗莱.TSP培训开发团队[M].车皓阳,杨眉,译.北京:人民邮电出版社,2008.

[12] 碧柯.ASTD培训经理指南[M].顾立民,李家强,崔连斌,等译.南京:江苏人民出版社,2012.

[13] 莱斯.精益创业:新创企业的成长思维[M].吴彤,译.北京:中信出版社,2012.

[14] 蒂蒙斯，斯皮内利. 创业学 [M]. 周伟民，吕长春，译. 6版. 北京：人民邮电出版社，2005.

[15] 佐佐木圭一. 所谓情商高，就是会说话[M]. 程亮，译. 北京：北京联合出版公司，2016.

[16] 高杉尚孝. 麦肯锡教我的写作武器：从逻辑思考到文案写作[M]. 郑舜珑，译. 北京：北京联合出版公司，2013.

[17] 廖满媛，王胜媛，孙兆华. 成为更好的自己——生涯规划实战体验手册[M]. 北京：清华大学出版社，2020.

[18] 李琳，葛爽，孙兆华. 变身职场大咖——智慧职场生存体验手册[M]. 北京：清华大学出版社，2020.

[19] 李根文，孙兆华，解国琴，等. 我是创业家——创新创业实战体验手册[M]. 北京：清华大学出版社，2020.

[20] 傅强，王胜会，曾君. 我是创业家，我是大BOSS [M]. 北京：电子工业出版社，2018.

[21] 张博. 职业生涯规划与管理[M]. 北京：中国电力出版社，2014.

[22] 于海波，董振华. 职业生涯规划实务[M]. 北京：机械工业出版社，2018.

[23] 孙宗虎. 职业生涯规划管理实务手册[M]. 3版. 北京：人民邮电出版社，2018.

[24] 徐蔚，刘玉梅，孙慧，等. 职业生涯规划实践[M]. 北京：清华大学出版社，2018.

[25] 周文霞. 职业生涯管理[M]. 2版. 上海：复旦大学出版社，2020.

[26] 王文成. 人员素质与能力测评[M]. 北京：中国电力出版社，2014.

[27] 赵曙明. 人才测评——理论、方法、工具、实务[M]. 北京：人民邮电出版社，2014.

[28] 腾静，王胜会. 致未来的职场大咖们[M]. 北京：知识产权出版社，2018.

[29] 腾静，冯丽霞，王希文. "小蘑菇"晋级工具箱[M]. 北京：电子工业出版社，2019.

[30] 腾静，陈树冬，方奕，等. 智慧职场拒绝黑天鹅[M]. 北京：中国民主法制出版社，2017.

[31] 中国科技咨询协会创业导师工作委员会. 创新创业导师体系1.0[M]. 北京：中国铁道出版社，2018.

[32] 中国科技咨询协会创业导师工作委员会. 创业之旅：大学生创新创业体验实务[M]. 北京：中国传媒大学出版社，2017.

[33] 罗国锋，高双喜. 穿越迷途——创业维艰的81个解决之道[M]. 北京：经济管理出版社，2018.

[34] 李家华，张玉利，雷家骕. 创业基础[M]. 2版. 北京：清华大学出版社，2015.

[35] 创业指导课题组. 大学生创新创业实训[M]. 北京：中国传媒大学出版社，2000.

[36] 王胜会. 修炼自我：锻造卓越职业素质[M]. 北京：中国电力出版社，2012.

[37] 付守永. 工匠精神：向价值型员工进化[M]. 北京：中华工商联合出版社，2015.

[38] 邱昭良. 复盘+：把经验转化为能力[M]. 2版. 北京：机械工业出版社，2016.

[39] 王吉斌，彭盾. 互联网+：传统企业的自我颠覆、组织重构、管理进化与互联网转型[M]. 北京：机械工业出版社，2015.

[40] 王胜会，杨化狄. 培训管理制度与表单精细化设计[M]. 北京：人民邮电出版社，2013.

[41] 王胜会. 公职人员工作汇报写作一本通[M]. 北京：中国人事出版社，2014.

[42] 周轩. 公职人员述职报告写作一本通[M]. 北京：中国人事出版社，2014.

[43] 滕晓丽. 公职人员调研报告写作一本通[M]. 北京：中国人事出版社，2014.

[44] 蒋乃平. 职业生涯规划[M]. 4版. 北京：高等教育出版社，2019.